Reiserouten

Events. Highlights. Investitionen.

Europäische Union

Polen

418 Bilder, 6 Reisen

ECKHARDT

Kontakt Autor/Herausgeber:
Reisen@Investors-Office.com
Eckhardt, Avenida Constitucion 31 (TP 130),
29754 Competa, Spain.
Druck und Distribution im Auftrag des Autors:
tredition GmbH, Heinz-Beusen-Stieg 5, 22926 Ahrens-burg, Germany
ISBN: 9 783 384 178 527

Leben kennt keine
 Generalprobe.
Es wird nicht wiederholt.
Es gibt keine zweite
 Chance.
Wir können es später
 nicht besser machen.
Wirklich leben heißt im
 Heute handeln.

Wichtig

Wir wollen verstehen, wie Historie, Politik und die wirtschaftlichen sowie kulturellen Gegebenheiten wirken. Unsere in Form von Reiseberichten laufend aktualisierten Eindrücke werden durch zahlreiche Fotos untermauert, die Lust darauf machen sollen, selbst dorthin zu reisen, sich mit den Gegebenheiten dort selbst vertraut zu machen. Alle Reiserouten können kombiniert werden und auch von der jeweiligen Landeshauptstadt (mit Internationalem Flughafen) ausgehen.

Heutzutage kann sich jeder auf den einschlägigen Seiten der Airlines, der Hotels, der Mietwagen- und Busgesellschaften sowie der entsprechenden Vergleichsportale über Kosten und Risiken unproblematisch und vor allem tagesaktuell selbst informieren. Wir können uns dies also im Interesse eines handlichen Reisebegleiters schenken.

Obwohl alles getan wurde, um die Korrektheit der Informationen zu gewährleisten, können sich diese jederzeit aufgrund verschiedenster Ursachen wie politische oder wirtschaftliche Entwicklungen sowie besonderer Witterungsbedingungen, Einschränkungen der Reisemöglichkeiten usw. ändern. Auch die angegebenen Internetseiten, die wir uns nicht zu eigen machen, können sich ändern. Und an Wochenenden sind nicht nur staatliche Server oft abgeschaltet. Deshalb sollte jeder Leser sich zunächst rechtzeitig und ausführlich informieren, wenn er eine Reise plant. Weder Autor noch der Herausgeber können für Angaben in diesem Buch, die nicht mehr der aktuellen Lage vor Ort entsprechen, haftbar gemacht werden. Wenn Sie veraltete oder unkorrekte Informationen entdecken, freuen wir uns über eine Mitteilung von Ihnen.

Inhalt

Europa

Polen

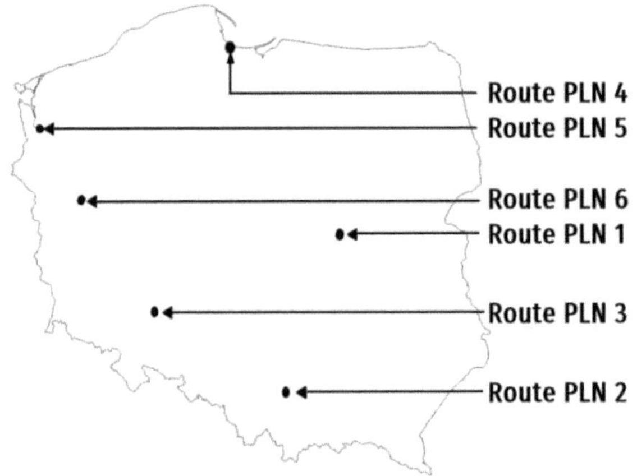

Fünf Highlights in Polen

Die Hauptstadt Warschau, frühere Heimat der Nobelpreisträgerin Marie Curie und des Komponisten und Pianisten Frédéric Chopin, besuchen - durch die historische Altstadt mit ihren prächtigen wieder aufgebauten Gebäuden und dem Königsschloss bummeln, über den alten Königsweg zum Wilanow Palast, dem „Versailles Polens" wandern, den monumentalen Kulturpalast bewundern und von der 30. Etage aus einen phänomenalen Blick auf das historische und moderne Warschau genießen.

Krakau, einstiger Königssitz und ehemalige Hauptstadt erkunden - den Wawelhügel mit Königsschloss und Kathedrale erklimmen, auf dem mittelalterlichen Marktplatz das bunte Treiben beobachten, durch die alten Tuchhallen schlendern, dem Trompeter der Marienkirche lauschen und in der Kirche den fantastischen Hochaltar des Nürnberger Bildhauers Veit Stoß bewundern sowie das vor Krakaus Toren liegende zum UNESCO-Weltkulturerbe gehörenden Salzbergwerk Wieliczka besuchen und in dessen unterirdische Salzwelt hinabsteigen.

Die alte Hansestadt Danzig besuchen - in der Rechtstadt über die berühmte Langgasse, ein wahres Freilichtmuseum, bummeln, die Marienkirche, eine der größten gotischen Backstein-Kirchen Europas, besichtigen sowie von der Speicherinsel aus den Blick auch auf das eindrucksvolle Krantor, ein Wahrzeichen der Stadt, genießen; in der Altstadt im Bernsteinmuseum in die Wunderwelt des Bernsteins eintauchen und in der Brigittenkirche den

Bernsteinaltar bewundern; das hochinteressante Europäische Zentrum der Solidarität mit fantastischen Ausblicken auf die Danziger Werft besuchen. Rund 60 Kilometer südlich von Danzig liegt die zum UNESCO Weltkulturerbe gehörende berühmte Ordensburg Marienburg (Malbork). Sie stammt aus dem 13. Jahrhundert und wurde damals mit mehr als 10 Millionen Backsteinziegeln gebaut.

Die europäische Kulturhauptstadt 2016 Breslau mit ihrem riesigen historischen Marktplatz, dem Großen Ring, besuchen, auf der Dominsel nicht nur den Dom besichtigen, sondern auch den traditionellen Laternenanzünder bei seiner Arbeit beobachten sowie die mehr als 700 Breslauer Zwerge in der Stadt aufspüren.

Das fast unberührte Naturparadies der Masurischen Seenplatte durchstreifen - dichte Wälder, mehr als 4000 tiefblaue, vielfach durch kleine Flüsse und Kanäle miteinander verbunde Seen, pittoreske Dörfer und Gehöfte und Heimat zahlreicher Störche, Kraniche, Reiher und Schwänen.

Klima und Reisezeit

Der Norden und Westen Polens ist durch die direkte Lage an der Ostsee maritim geprägt mit eher feuchten, mäßig warmen Sommern mit Temperaturen zwischen 20 und 25 Grad Celsius und nicht allzu kalten Wintern. Im Süden und Osten herrscht eher ein kontinentales Klima mit trockenen und heißen Sommern bis zu über 30 Grad Celsius, aber mit kälteren und schneereicheren Wintern. Niederschläge treten vor allem als Steigungsregen an den Westseiten der Gebirge auf. Der meiste Regen fällt in den Sommermonaten, die Anzahl der Regentage ist jedoch gleichmäßig über das Jahr verteilt.

Polen ist zu allen Jahreszeiten reizvoll. Im Winter ist Skifahren in der Tatra und in den Karpaten angesagt, in den Sommermonaten lockt die Küste Strandurlauber an. Milde Temperaturen im Frühjahr und Herbst bieten sich für Kulturreisen und Wanderurlaub an.

Events

Jährlich zur Osterzeit startet in Warschau das Ludwig van Beethoven Osterfestival mit einer Vielzahl an Konzerten und anderen Veranstaltungen (www.beethove.org.pl).

In Krakau findet in der Osterwoche das Misteria-Paschalia-Festival statt. Es präsentiert historische Musik in der Krakauer Philharmonie sowie in zahlreichen Kirchen.

In Warschau starten die Läufer traditionell am letzten Sonntag im März zum Warschauer Halbmarathon.

Mit dem verlängerten Wochenende vom 01.05 bis 03.05, „3-Majówka" genannt, eröffnet Breslau die Saison der Freiluftfestivals mit einheimischen und internationalen Interpreten. Am 1. Mai versammeln sich Gitarrenfans aus ganz Polen zum Gitarren-Guinnessrekord. 7356 Gitarren haben hier schon gemeinsam gespielt.

Von Mai bis September kann man jeden Sonntag Klavierkonzerten mit Musik von Frédéric Chopin im Łazienki Park in Warschau (Chopin Denkmal, jeden Sonntag um 12:00 und 16:00) genießen.

In dem an der Weichsel gelegenen Multimedia Fountain Park in Warschau finden von Mai bis Juli freitags und samstags um 21.30 Uhr, im August um 21.00 Uhr und im September um 21.00 Uhr multimediale Wasser- und Lichtshows statt.

Ende April/ Anfang Mai wird in Krakau das jährliche Kunstfestival OFF Camera, das International Festival of Independent Cinema, mit bis zu 400 Vorführungen, Seminaren, internationalen Stars, Gästen und Jury veranstaltet.

Krakau, Warschau und andere Städten bieten Besuchern während der Museumsnacht (in der Regel am ersten Wochenende im Mai) den kostenlosen Eintritt in die Museen und andere kulturelle Einrichtungen.

Juvenalia ist ein jährliches Studentenfestival mit Partys, Konzerte und kulturellen Veranstaltungen. Diese Tradition wird seit dem 15. Jahrhundert zumeist im Mai in ganz Polen vor der sommerlichen Examensphase gefeiert. Während der drei Veranstaltungstage regieren die Studenten die Stadt. Sie werden vom Bürgermeister der Stadt begrüßt, der ihnen die Schlüssel der Stadt überreicht.

Das Kopernikus-Festival ist ein Wissenschaftsfestival, das jedes Jahr im Mai in Krakau mit Vorträgen, Diskussionen, Workshops, Filmvorführungen und Ausstellungen mit den Schwerpunkten Neurowissenschaften, Evolutionsbiologie, Physik, Recht und Philosophie stattfindet.

Die jährlich im Mai organisierte Warschauer Buchmesse ist mit 800 Ausstellern aus 32 Ländern, 1500 Veranstaltungen, rund 1000 anwesenden Autoren und 75.000 Besuchern die größte polnische Buchmesse.

Von Juni bis August können Musikfans im Rahmen des Danziger Sommers zahlreiche klassische Konzerte im

Amphitheater auf der Bleihofinsel an der Mottlau genießen.

Anfang Juni findet in Warschau das Orange Warsaw Festival statt. Der Schwerpunkt liegt auf elektronischer Musik.

Jedes Jahr, zumeist am zweiten Wochenende im Juni, wird auf der Esplanade des Städtischen Stadions in Breslau das Festiwal Dobrego Piwa, ein internationales Bierfestival, gefeiert.

Das Mystic Festival ist ein dreitägiges Metal, Rock und Hard Rock Festival, das Anfang Juni in Krakau stattfindet.

Corpus Christi (Fronleichnam) ist ein bewegliches Fest, das im Mai oder Juni stattfindet. Die Krakauer Kirchen organisieren farbenfrohe Prozessionen.

Das Krakauer Lajkonikfest wird jährlich am 8. Tag nach dem Fronleichnamsfest gefeiert. Die Stadt Krakau wurde in den Jahren 1241 und 1257 von den Mongolen belagert. Mit diesen Ereignissen sind zwei Krakauer Traditionen verbunden - der Hejnał, das abrupt unterbrochene Trompetensignal, das vom Nordturm der Krakauer Marienkirche gespielt wird, und der Lajkonik, ein mit einem Streitkolben bewaffneter und als Tatarenreiter verkleideter Gaukler Lajkonik.

Anfang Juni feiert die Metal Szene das Gdansk Mystic Festival.

An einem Juniwochenende bestimmen Drachen das Leben in Krakau. Am Samstagabend schweben riesige Drachen die Weichsel hinunter, ein riesiges Licht- und Tonspektakel. Am Sonntagnachmittag zieht die Drachenparade mit von Kindern und Jugendlichen geschaffenen Exemplaren, begleitet von Blaskapellen, Stelzenläufern zum Weichselufer. Ein Wochenende voller Familienspaß mit farbenfroher Pracht, Puppenspiel und Drachenfamilienpicknick auf den Weich-

selboulevards unterhalb des Wawelschlosses. Die
Veranstaltung wird von dem Groteska-Theater organisiert.

Das Mittsommerfest, das Wianki-Festival, wird in Krakau an der Weichsel am Fuße des Schlosses Wawel
zelebriert. Es gibt Konzerte und künstlerische Darbie-
tungen. Die Veranstaltung findet ihren Höhepunkt in
einem riesigen Feuerwerk. Auch in Warschau feiert
man mit Musik, Tanz, Festessen und Lagerfeuer. Um
Mitternacht werden Kränze aus gesammelten Wild-
blumen, die Wianki, angezündet und in den Flüssen
zu Wasser gelassen. Die Tradition soll Glück bringen
und böse Geister abwehren.

Im Juni wird im Krakauer Stadtteil Kazimierz das Brot-
fest gefeiert. Die Bäcker stellen traditionelle Metho-
den des Brotbackens vor, während die gesamte Veranstaltung von Volkstänzen und Gesang begleitet
wird.

Während des jährlichen Jüdischen Kulturfestivals in
Krakau können die Besucher an Workshops, Ausstel-
lungen und zahlreichen Konzerten teilnehmen – alles
rund um die jüdische Kultur. Den Höhepunkt des
Festivals bildet das Open-Air-Konzert „Shalom in der
Szeroka-Straße".

Das Tauron Festival ist ein Electronic- und Indie-
Festival, das im Juni Kattowitz stattfindet.

Das Malta Festival Poznań ist ein internationales The-
aterfestival, das jährlich im Juni oder an der Wende
Juni/Juli in Poznań (Posen) gefeiert wird. Musik, Tanz
und Film begleiten die internationalen Theateraufführungen, deren Schwerpunkt auf Freiluft- und Ex-
perimentaltheater liegt.

Das Slot Art Festival Anfang Juli im Festspieldorf innerhalb der Mauern der barocken Zisterzienser-Kloster-
Palast-Anlage in Lubiąż in Niederschlesien bietet fünf

Tage lang Workshops, Konzerte, Partys, Filme und Seminare.

Open'er ist ein dreitägiges genre-übergreifendes Festival, das Anfang Juli in Gdynia in der Nähe von Trójmiasto und Danzig stattfindet.

Das Krakauer Sommer-Jazz-Festival mit polnischen und internationalen Künstlern bietet Jazzkonzerte an verschiedenen Orten der Stadt.

Das Sunrise Festival ist ein Electronic Festival, das im Juli in Kolobrzeg (Kolberg) in der Nähe von Swinemünde und Stettin stattfindet.

Das Musikfestival „Crossroads", das ROZSTAJE Festival, präsentiert im Juli in Krakau die Vielfalt und die gemeinsamen Elemente traditioneller Musik aus zahlreichen Ländern entlang der Karpaten. Es ist das wichtigste polnische Festival für Weltmusik, Ethno-Jazz und Ethno.

Das Urban Highline Festival (UHF) in Lublin ist seit vielen Jahren eines der bekanntesten Slackline Festivals weltweit. Teil des Festivals ist der Carnaval Sztukmistrzów in der Altstadt. Jedes Jahr in der letzten Juliwoche wird die Stadt Lublin zum Spielplatz für Zauberer, Jongleure, Feuertänzer und Straßenkünstler aus der ganzen Welt.

Im Juli und August gibt es in Warschau jeden Samstag Jazz am Marktplatz der Altstadt.

Im August begeistert das PolAndRock Festival (früher bekannt als Woodstock Festival Poland) in Kostrzyn nad Odrą (Küstrin) seine Besucher mit Musik, die von Rock, Heavy Metal, Hip Hop oder Punk bis hin zu elektronischer Musik reicht. Der Eintritt zu diesem Festival ist kostenlos.

Jedes Jahr strömen Feinschmecker im August zum zweitägigen Poznan Good Taste Festival, dem Festival Dobrego Smaku.

Am Music in Old Cracow Festival im August nehmen Solisten, Orchester und bekannte Musiker teil. Die Konzerte finden an historischen Orten Krakaus, in Kirchen, auf dem Wawel und in der Krakauer Philharmonie statt.

Jedes Jahr wird in den mit der Baltic Sail verbundenen Häfen, Danzig, Klaipéda, Rostock, Karlskrona, Nysted, Riga und Stettin, ein Segelfestival organisiert. Teilnehmen an der Rallye können alle Wasserfahrzeuge, einschließlich touristischer Yachten, Kutter oder Motorboote. In Danzig beginnt die Veranstaltung jedes Jahr mit der Inbetriebnahme des Danziger Yachthafens. Besucher können mit einem der Schiffe durch die Danziger Bucht segeln oder an den Nord-Cup-Regatten teilnehmen. Zusätzliche Aktivitäten an Land finden auf der Insel Ołowianka statt. Die große Parade der Yachten bildet den Abschluss der Veranstaltungen der Baltic Sail.

Das OFF Festival ist ein genre- übergreifendes Festival, das Anfang August in Kattowitz stattfindet.

Das Krakow Live Festival im August ist ein Pop, Hip Hop und R&B Festival.

Das Internationale Chopin-Festival ist ein jährliches Festival klassischer Musik, das im August in Duszniki-Zdrój im Glatzer Tal stattfindet. Es ist das älteste und wichtigste Chopin-Festival .

Das jährliche Sopot International Song Festival im August ist einer der prestigeträchtigsten internationalen Liederwettbewerbe und wird oft mit dem Eurovision Song Contest verglichen.

Das International Festival of Old Music in Krakau im August präsentiert altertümliche Musik, gespielt auf alten, traditionellen Instrumenten.

Das Breslauer Wratislavia Cantans im September ist ein Musikfestival der klassischen Musik, schwerpunktmäßig ein Oratorien- und Kantatenfestival.

Das Festival Warschauer Herbst im September ist das bedeutendste internationale Festival für zeitgenössische Musik in Osteuropa.

Ende September findet der Warschauer Marathon statt.

Jazz Jamboree ist der Name eines internationalen Jazz-Festivals in Warschau, das alljährlich im Oktober stattfindet.

Das Internationale Filmfestival Warschau, auch als Warsaw Film Festival bekannt, ist eine etwa zehntägige internationale Filmveranstaltung im Oktober. Es präsentiert neue Filme aus aller Welt.

Mayday Poland ist ein Electronic Festival, das im November in Katowice in der Nähe von Krakau stattfindet.

Im November läuft in Krakau das Internationale Filmfestival Etiuda&Anima. Dabei gibt es zwei internationale Wettbewerbe, beurteilt werden die Werke von Kunst- und Filmstudenten aus aller Welt und die von Autoren künstlerischer Animation.

Am 11. November feiern die Polen die Unabhängigkeit ihres Landes. An diesem Tag im Jahr 1918 gewann Polen nach 123 Jahren der Fremdherrschaft seine eigene Staatlichkeit zurück. In Warschau findet am Plac Pilsudskiego eine Militärparade statt.

Weihnachtszeit und -märkte in der Altstadt von Warschau, auf dem Rynek Glowny-Platz von Krakau, auf dem Breslauer Marktplatz, auf dem Plac Wolnosci und auf dem Gelände der Internationalen Messe in Poznan oder im winterlichen Zakopane im Tatra-Gebirge.

Silvesterparty mit Konzerten und Feuerwerk in Warschau, Krakau oder anderen Städten.

Route PLN 1 Die Hauptstadt Warschau.

Warschau liegt beidseitig am Strom der Weichsel (auf polnisch Wisła) in der Woiwodschaft Masowien. Das Stadtgebiet umfasst 18 Stadtbezirke. Zu Śródmieście gehört die Innenstadt und die zum UNESCO-Welterbe gehörende Warschauer Altstadt. Zwischen 1281 und 1321 wurde Warschau bereits urkundlich erwähnt.

Im Jahr 1356 ließ Siemowit III. das erste Kloster des Augustiner-Ordens in Warschau gründen. Zu dieser Zeit entstanden die meisten Gebäude in der Altstadt, allen voran die gotische Johanneskathedrale und das Schloss der masowischen Herzöge, das spätere Königsschloss. Die Johanneskathedrale, auch Johannesdom genannt (Archikatedra św. Jana Chrzciciela), ist seit 1798 Domkirche des Erzbistums Warschau und die zugleich älteste Warschauer Kirche. Das Gebäude selbst, das dem heiligen Johannes dem Täufer geweiht ist, befindet sich südlich des Altstädter Marktes und ist heute ein gotischer Neubau aus den Jahren 1948 bis 1956.

Die Altstadt wurde im Jahre 1350 mit einem ersten und 1380 mit einem weiteren Mauerring umgeben. Um 1380 entstand nördlich der Altstadt die Warschauer Neustadt, die 1408 das Kulmer Stadtrecht erhielt. Janusz I. Starszy verlegte 1413 die Hauptstadt des masowischen Herzogtums Czersk von Czersk nach Warschau. Nach der polnisch-litauischen Union aus dem Jahre 1386 entwickelte sich Warschau dank der zentralen Lage zwischen den beiden Hauptstädten Krakau und Wilna schnell. Die Regierungszeit von Fürst Janusz I.

von 1374 bis 1429 war die erste Blütezeit von Warschau. Aus dieser Zeit sind mehrere gotische Gebäude und Kirchen in der Alt- und Neustadt erhalten, unter anderem das Portal des Bürgerhauses am Marktplatz der Altstadt mit der Hausnummer 21. 1454 wurden zur Regierungszeit von Bolesław IV. die St.-Anna-Kirche und das Bernhardinerkloster im Süden des Krakauer Tors erbaut.

Im Jahr 1469 bestätigten die masowischen Fürsten die Privilegien der jüdischen Gemeinde, die seit dem Anfang des 14. Jahrhunderts in Warschau existierte. Mit dem Aussterben der jeweiligen Piastenherzöge fielen Rawa im Jahr 1462, Płock 1496 und Czersk-Warschau 1526 direkt an Polen. Die Piasten waren eine hochmittelalterliche Herrscherdynastie in Polen, Masowien, und Schlesien, die zwischen dem 10. und 17. Jahrhundert zahlreiche Könige und Herzöge stellte. Die beiden letzten masowischen Fürsten wurden wahrscheinlich in 1524 (Stanislaus I.) und 1526 (Janusz III.) auf Geheiß der polnischen Königin Bona Sforza vergiftet. Beide sind neben ihrem Lehrer Stanislaus aus Strzelec in der Johanneskathedrale bestattet. Die prächtigen Renaissance-Grabplatten der beiden Fürsten und des Kanonikers wurden von ihrer Schwester Fürstin Anna Odrowąż gestiftet. Nach ihr ist auch die St.-Anna-Kirche benannt, da sie das Bernhardinerkloster großzügig unterstützte.

Nach einer wechselvollen Geschichte ist Warschau seit 1596 die Hauptstadt von Polen.

Wir kommen erst um kurz nach 20 Uhr am Bahnhof West an. Per Uber-App können wir ein Taxi rufen. Die Abrechnung erfolgt über App/

Kreditkarte. Zlotys haben wir nicht. Unser Hotel Gromada im Zentrum erreichen wir dann endlich um 20:30 Uhr. Nach dem Einchecken herrscht Chaos vor dem Fahrstuhl. Nur drei Personen dürfen angeblich einsteigen – wohl ein Überbleibsel aus der Coronazeit. Einen zweiten Fahrstuhl gibt es - am anderen Ende des Hotels. Ansonsten muss man warten oder die Treppe nehmen.

Ich hatte bereits die Hotelumgebung (Google Maps) gecheckt und ein

das GOŚCINIEC Polskie Pierogi in der nahen Nowy Świat 41. Bis 21/22 Uhr ist es geöffnet. Dort warten kaltes Bier, Rei-

bepfannkuchen mit Goulasch und gefülltes Brot

mit Goulasch auf uns.
Wohnungslose haben

typisches Lokal mit polnischer Küche gefunden,

sich unter einer Brücke zur Ruhe gelegt. Am nächsten Morgen liegen sie dort immer noch.

Nach einer Saunanacht – die Junior-Suite hat keine Klimaanlage - genießen wir ein gutes Frühstück. Um 9:30 Uhr starten wir unsere Stadtbesichtigung via Nowy Świat auf dem sogenannten Königsweg, dem Trakt Krolewski.

Der Königsweg verläuft vom südlichen Ende der Altstadt, vom Königsschloss am Schlossplatz, bis nach Wilanow zum dortigen Schloss (rund zehn Kilometer), im weiteren Verlauf kommt man bis nach Krakau. Der für Touristen wohl interessanteste Teil zwischen Königsschloss und Rondo de Gaulle lässt sich problemlos zu Fuß bewältigen. Er zieht sich über die Straßen Krakowskie Przedmieście und Nowy Świat. Die Straßen gehen unbemerkt ineinander über. Wir laufen zunächst gen Altstadt. Es ist warm, ein paar Regentropfen fallen, nur Angsttropfen! Es bleibt nicht lange bedeckt. Die Sonne kommt hervor.

Vor der Gesellschaft der Wissenschaften im Staszic Palast aus den Anfängen des 19. Jahrhunderts steht das be-

kannte Denkmal des Kopernikus. Im kopernikanischen Weltbild steht die Sonne im Zentrum des Universums. Dies widersprach dem bis dato geltenden geozentrischen Weltbild, welches die Erde ins Zentrum setzte. Nikolaus Kopernikus (1473–1543) war der Erste, der den heliozentrischen Ansatz mithilfe mathematisch fundierter Erkenntnisse untermauerte und somit ein konkretes und plausibles heliozentrisches Modell erstellen konnte.

Das Nicolaus Copernicus Museum, Muzeum Mikolaja Kopernika, befindet sich in Frombork, einer Küstenstadt an der Lagune der Weichsel im Norden Polens, 90 Kilometer östlich von Danzig. Hier lebte und arbeitete der Astronom Copernicus jahrelang bis zu seinem Tod im Jahr 1543.

Wir besuchen die Heilig Kreuz Kirche mit ih-

ren schon von weitem sichtbaren zwei Glocken-

türmen. Sie wurde 1696 erbaut. Das erste Gotteshaus stand hier jedoch schon 1510. Im Inneren der Kirche befindet sich in einem Pfeiler die Urne mit dem Herzen

von Frédéric Chopin. Der jugendliche Frédéric ver-

brachte auf der Krakowskie-Przedmieście Straße seine Kindheit und Jugend, bis er schließlich im Jahre 1831 Warschau verließ, das er nie wieder sehen sollte. Seiner älteren Schwester sagte er vor dem Tod, dass er genau wisse, dass die Herrschaften in Moskau nicht erlauben werden, dass sein Leichnam nach Polen (damals russische Provinz) gebracht werde. Sein Wunsch war es jedoch, dass zumindest sein Herz zurück nach Warschau komme. Die Schatulle mit dem in Essig getränkten Herzen brachte seine Schwester Ludwika 1850 schließlich nach Warschau. An der Grenze versteckte sie den Behälter aus Furcht vor der Grenzkontrolle unter ihrem Rock. Damals waren die Grenzkontrollen noch nicht so genau wie heutzutage an Flughäfen. Den Weg in die Säule fand das Herz erst am 1. März

1879. Es heißt, dass die Brüder des Klosters Bedenken gehabt hätten, ob sich das Herz eines Menschen mit einem so stürmischen Leben in einer so heiligen Umgebung befinden sollte.

2014 wurde die Kapelle des Heiligen Johannes

Paul II. mit einem dreidimensionalen die Besucher segnenden Relief des Papstes eingeweiht.

Entlang der Straße stehen repräsentative Gebäude. Sie stammen aus verschiedenen Jahrhunderten. Viele der Gebäude gehören heute

der Universität. Die Geschichte des Kazimierzowski Palast im hinteren Teil des Geländes

geht beispielsweise bis ins frühe 17. Jahrhundert zurück. "No place for hate" - ein auffälliges Plakat mit positiver Bot-

schaft auf dem Universitätsgelände fällt uns

IN A WORLD OF PUTINS BE A ZELENSKY. Sehenswert ist auch die alte Universitätsbibliothek.

Vom Haupttor aus

steuert man geradeaus direkt darauf zu. Die Gründung der Universtät erfolgte 1816.

Eine der bemerkenswertesten Rokoko - Kirchen Warschaus ist die Visitantinnenkirche. Der Bau wurde 1664 begonnen und 1761 abgeschlossen. Sie ist Bestandteil der histori-

auf, nicht weit enfernt desgleichen eine andere Botschaft an einer Säule

erbaut und war fortan Treffpunkt der wichtigsten Gäste in Warschau.

Das derweil modernisierte Hotel präsentiert sich seinen Gästen immer noch im Glanz der alten Zeit.

Nun liegt rechter Hand

schen Klosteranlage der Visitantinnen und das älteste Klostergebäude des polnischen Salesianerinnenordens, das seit mehr als rund 350 Jahren von den Ordensschwestern als kontemplatives Frauenkloster betrieben wird.

Das imposante Hotel Bristol wurde um 1900

der Präsidentenpalast, der Namiestnikowski Palast. Er entstand bereits Mitte des 17. Jahrhunderts und wurde zunächst von der Koniecpolski Familie bewohnt. Zunächst hieß er also Koniecpolski Palast. Am längsten nutzte ihn die Familie Radziwill, dann also Radziwill Palast. Der Name Namiestnikowski Palast geht auf die Zeit der russischen Statthalter zurück. 1955 wurde hier der Warschauer Pakt geschlossen. Seit 1994 ist der Präsidentenpalast der offizielle Sitz des Polnischen Präsidenten. Vor dem Palast stehen Informationsta-

feln zu dem Flugzeugabsturz in Smolensk, bei dem der polnische Präsident Lech Kaczynski ums Leben kam. Eine kurze Zusammenfassung gibt es sogar auf Eng-

lisch. Es ist uns aufgefallen, dass bei anderen Ausstellungen die Erläuterungen zumeist nur in polnischer Sprache sind.

Das Denkmal des Prinzen Józef Poniatowski (1813 in der Schlacht bei Leipzig gefallen) wurde einst von dem Dänen Thorvaldsen angefertigt. Nach seiner Zerstörung im Zweiten Weltkrieg spendete Kopenhagen eine Neuanfertigung und diese wurde dann erstmals direkt vor dem heutigen Präsidentenpalast aufgestellt.

Wir kommen vorbei an dem Denkmal von Adam Mickiewicz. Er wird wie folgt beschrieben: Nationaldichter Polens und bedeutenster der Drei Barden der Polnischen

Romantik in einer Zeit der Nichtexistenz eines polnischen Staates. Er

wurde am 24. Dezember 1798 in Zavosse (Belarus) geboren und verstarb am 26. November 1855 in Istanbul.

In der Nähe beein-

druckt ein Busparkplatz für Elektrobusse.

Nun gelangen wir zum

Theaterkomplex Teatro Wielki und Teatro Naro-

downy. Vor der Ballettschule steht eine Tän-

zerin in professioneller Haltung. Auf der anderen Seite der Plaza Teatralny stand der Jabłonowski - Palast, der bis zum Ausbruch des Zweiten Weltkriegs das

Warschauer Rathaus beherbergte. Während des Warschauer Aufstandes wurde der Palast von deutschen Einheiten niedergebrannt. Die verbliebene Ruine wurde im Jahr 1952 abgerissen. In den 1990er Jahren entstand ein neues Bürogebäude, ein moderner Zweckbau und Sitz der ehemaligen BRE Bank und heutigen mBank S.A., eine der größten polnischen Universalbanken. Sie wurde 1986 als staatliche Bank Rozwoju Eksportu für die Finanzierung der polnischen Exportwirtschaft gegründet und war die erste privatisierte polnische Bank. Heute ist das Gebäude u.a. beflaggt mit der amerikanischen und der europäischen Fahne. Die dem Plac Teatralny zugewandte Frontfassade des Gebäudes im Stil der Neorenaissance entspricht jedoch dem alten Jablonowski - Palast aus

der Zeit vor 1936. Die nicht sichtbaren anderen Fassaden sind modern gestaltet, ebenso die Innenräume. Leider stimmen nun die Stockwerke nicht mehr mit der Höhe der Fenster der Frontfassade überein. Wer genau hinschaut, kann vom Platz aus die Decken der jetzt niedrigeren Stockwerke hinter den hohen Fenstern der vormals höheren Stockwerke sehen.

Dieser Palast ist nicht mit dem mitunter als Jabłonowski - Palais bezeichneten Stadtpalast in der Ulica Nowy Świat zu verwechseln.

Das Fünf - Sterne-Hotel Bellotto bietet Luxus im ehemals bischöflichen Palast aus dem 16. Jahrhundert. Seit 1795 diente er als

Sitz des jeweiligen Primas von Polen.

Die Sankt Anna Kirche sowie das Bernhardiner-

kloster wurden 1454 im Stil der masowischen Backsteingotik auf Initiative der Benediktiner erbaut. Der Bau wurde zum großen Teil von Anna Fiodorówna finanziert. Die Kirche brannte im 16. Jahrhundert mehrmals ab. Während des Warschauer Aufstandes wurde sie von der Wehrmacht niedergebrannt und nach dem Krieg in ihrer jetzigen Form

wieder aufgebaut. Seit 1928 übernahm sie von der Visitantinnen-Kirche den Dienst als Universitäts- und Akademikerkirche. Den separaten

Glockenturm kann man besteigen. Neben der Kirche ist ein kleiner

Kunst- und Andenkenmarkt. Ein Puppenor-

chester gibt ein Konzert.

Nun sind wir endlich in

der Altstadt, der Stare Miasto. Die Häuser entlang der engen Gassen wurden nach dem Zweiten Weltkrieg auf der Grundlage von Zeichnungen wieder aufgebaut. Sie gehören inzwischen zum UNESCO Welterbe. Architekt des Wiederaufbaus war Jan Zachwatowicz (1900 bis 1983). Auf dem Schlossplatz steht der 2,5 Meter große Sigismund, ge-

krönt und im königlichen Ornat mit einem großen Kreuz in der einen und einem Säbel in der anderen Hand, hoch erhoben auf einer 20 Meter

hohen Säule. Das Denkmal wurde im Jahr 1644 von König Władysław IV. Wasa zur Erinnerung an seinen Vater Sigismund errichtet, der Warschau 1596 zur Hauptstadt erklärt hatte. Der Warschauer Glockengiesser Daniel Tym goss die Statue nach dem von dem italienischen Bildhauer Clemente Molli geschaffenen Modell in Bronze. Am Sockel wurden vier Tafeln angebracht, die die größten Leistungen des Königs auflisten. Die Säule soll die erste Säule sein, die nach der Antike für einen europäischen Herrscher gebaut wurde. Die Sigismundsäule wurde 1944 von den Nazis zerstört. Bereits fünf Jahre später stand sie wieder an der fast gleichen Stelle, ein Symbol für den Wiederaufbau der völlig zerstörten Stadt.

Als König Sigismund III. Wasa Warschau 1596 zu seiner Residenz, damit zur Hauptstadt machte, musste das Königsschloss (Zamek Krolewski) standesgemäß hergerichtet werden.

Mit dem Umbau betraute der König Ende

des 16. Jahrhunderts die italienischen Baumeister Matteo Castelli und Gaetano Chiaveri, die ihr Werk 1619 beendeten - eine Perle des Barock. Ab dem 16. Jahrhundert bis zum 18. Jahrhundert war das Warschauer Königsschloss der Sitz der polnischen Könige. Während des Zweiten Weltkrieges zerstörten die deutschen Besatzer das Schloss. Erst 1971 begann der mit Spendengeldern finanzierte Wiederaufbau. 1980 verlieh die UNESCO dem Schloss als Teil der historischen Altstadt den Titel Weltkulturerbe. Die Residenz ist heute ein Museum mit einer Ausstellung zum Leben der polnischen Herrscher, ihrer Insignien und der könig-

lichen Throne. Auf dem

Vorplatz des Schlosses vernebelt die Stadt Wasser - eine Wohltat bei diesen Temperaturen. Um 11:15 Uhr erschallen Trompetenklänge aus einem der Schlossfen-

ster. Im Castle Inn nimmt ein Herr auf der Fenster-

bank ein Sonnenbad und schaut dem lebhaften Treiben zu.

Die Johannes dem Täufer geweihte Johanneskathedrale steht südlich des Altstädter Marktes. Sie ist seit 1798 Domkirche des Erzbistums Warschau und zugleich die älteste Warschauer Kirche. Schon im 13. Jahrhundert stand hier die erste hölzerne Kirche, eine Pfarrkirche. Gegen Ende des 14. Jahrhunderts wandelte man sie in einen gotischen Steinbau um. Der

Wiederaufbau der bis auf die Grundmauern zerstörten Kathedrale begann 1947 und wurde 1954 beendet. Dabei entschied man sich für die Nachahmung der masowschen Gotik. In den Krypten haben viele berühmte Persönlichkeiten

ihre letzte Ruhestätte, darunter auch die letzten Fürsten Masowiens. Wahrscheinlich wurden sie 1524 (Stanislaus I.) und 1526 (Janusz III.) auf Geheiß der polnischen Königin Bona Sforza vergiftet. Auch der erste Staatspräsident der 2. Republik Polen Gabriel Narutowicz, zahlreiche Premierminister, darunter der weltberühmte Pianist und erste Premierminister der 2. Republik Ignacy Jan Paderewski, Kardinal Stefan Wyszynski, Kardinal Jozef Glemp, Literaturnobelpreisträger Henryk Seinkiewicz, der Maler Marcello Bacciarelli und König Stanisław II. sowie August Poniatowski (symbolisches Grab) haben hier ihre letzte Ruhe gefunden.

Karten für Orgelkonzerte in der Kirche sowie für abendliche Chopinkonzerte werden uns angeboten. Leider passt es zeitlich nicht.

Gleich nebenan steht die Jesuitenkirche mit

ihrer lachsroten Fassade. Die Kirche wurde zwischen 1609 und 1626 gebaut. Piotr Skarga, einer der bekanntesten Prediger der polnischen Geschichte, war Organisator des Projektes und zugleich einer der führenden Persönlichkeiten der Gegenreformation in der polnisch-litauischen Adelsrepublik. In Polen

war diese katholische Gegenreaktion äußerst erfolgreich. Piotr Skarga wurde vom polnischen König Sigismund III. Wasa unterstützt. Auf der Sigismundsäule posiert der König nicht ohne Grund mit Kreuz und Säbel. Die Kirche wurde während des polnisch-schwedischen Krieges (1655-1660) zerstört und in der heutigen Form später wieder aufgebaut. Nach der Auflösung des Jesuitenordens im 18. Jahrhundert wurde die Kirche von der Ordensgemeinschaft der Piaristen übernommen. Erst

1918 erhielten die Jesuiten die Kirche samt Kloster zurück. Diese

Kirche ist das höchste Gebäude der Altstadt. Trotzdem steht sie etwas im Schatten der benachbarten Johannes Kathedrale. Pater Peter Skarga soll empfohlen haben, dass das Gebets-haus die Nachbarkirche zwar dominieren, aber nicht erdrücken solle. Im Zweiten Weltkrieg wurde sie vollständig zerstört und danach wieder aufgebaut.

Ein Segelboot krönt

einen Hauseingang. Hier wohnte bestimmt ein „Kaufmann zur See".

Rund um den Markt bewundern wir einige der schönsten Hausfassaden der Stadt. Die bunten Wohnhäuser

sind das Aushängeschild der Warschauer Altstadt. Auf dem Marktplatz steht ein Brunnen mit

einer bewaffneten Nixe. Die Dame verschönert auch das Wappen der Stadt, eine Syrenka auf einem roten Hintergrund. Dieses Bild wird mindestens seit Mitte des 14. Jahrhunderts verwendet. Die Syrenka hat traditionell ein Silberschwert in der Hand. Im Altstadt-Wappen wurde eine Gestalt mit Vogelfüßen und einem Drachenkörper dargestellt. Im nächsten Jahrhundert (1459) bekam die Seejungfer einen Fischschwanz, einen Frauenoberkörper mit Händen und Vogelfüße mit Krallen. Die aktuelle Gestalt einer Frau mit Fischschwanz stammt aus dem Jahre 1622. Diese Anordnung gilt bis heute. In der linken Hand hält sie einen Schild, in der rechten ein Schwert. Die Dame gibt es in doppelter Ausführung. Die ältere wurde vom Bildhauer Konstanty Hegel geschaffen. Sie wurde aus weicher Zink-Legierung gegossen und 1855 auf dem Altstadt-Marktplatz, dem Rynek, aufgestellt. Sie wechselte zwischen 1928 und 2000 häufiger ihren Standplatz und wurde oft von Vandalen beschmutzt. 2000 kehrte sie auf den Marktplatz zurück. Um die im Zweiten Weltkrieg nur gering beschädigte Skulptur auch vor Witterungseinflüssen dauerhaft zu schützen, fertigte man im Jahr 2008 einen Abguss aus Bronze, der nunmehr auf dem Marktplatz steht. Am 1. Juni desselben Jahres erhielt die Originalfigur einen dauerhaften Platz im Historischen Museum.

Die Verbindung zur Warschauer Neustadt ist die Barbakane. Barbakan ist ein genereller Name für ein mittelalterliches

Tor. Die Barbakane an den roten Backsteinmauern der Warschauer Altstadt soll eine der am besten erhaltenen der Welt sein.

Die Neustadt (Nowe Miasto) entstand um 1380 und erhielt 1408 das Kulmer Stadtrecht. Sie schließt sich direkt an die Altstadt an. Auch hier gibt es einen Marktplatz im Zentrum. Dort stand früher das Rathaus. Eine Stadtmauer gab es hier im Gegensatz zur Altstadt nicht. Im Jahre 1791 wurde die bis dahin unabhängige Neustadt in die Stadt Warschau eingemeindet. Die meisten im Krieg zerstörten Gebäude baute die Stadt in den 50er Jahren wieder auf. Die Häuserfassaden muten etwas moderner an als in der Altstadt. Die

zentrale Straße ist die Ulica Freta. Sie zieht sich

ausgehend vom Barbakane durch die gesamte Neustadt. Hier wurde am 7. November 1867 Maria Skłodowska geboren, weltweit bekannt als Marie Curie, die Entdeckerin der radioaktiven Elemente Polonium und Radium und die erste Frau, die mit dem Nobelpreis ausgezeichnet wurde, sowohl in Physik als auch in Chemie. Im Maria Skłodowska-Curie Museum (in der Ulica Freta 16) sind Doku-

mente, persönliche Gegenstände und Laborausstattung zu sehen, die einst der Wissenschaftlerin gehörten. Damals war es ein Internat für Mädchen, das Marias Mutter Bronisława lei-

tete. Ihr Vater, Władysław Skłodowski, war ein in Warschau bekannter Physik- und Mathematiklehrer.

Die Neustadt ist reich an Kirchen. Gegenüber dem Museum befindet sich die St. Jacek Kirche (Ulica Freta 8/10). Ursprünglich wurde die Dominikanerkirche am Anfang des 17. Jahrhunderts errichtet und nach der Zerstörung während des Krieges bis 1959 wieder aufgebaut.

Schräg gegenüber steht die 1717 im Barockstil errichtete Kirche des Heiligen Geistes (Ulica Nowomiejska 23). Zuvor stand an gleicher Stelle eine Holzkirche. Von hier aus starten die Wallfahrten nach Tschenstochau (Częstochowa).

Die St. Kasimir (Kazimierz) Kirche am Markt (Rynek Nowego Miasta 2) entstand in den Jahren 1688/1689 und wurde schließlich von 1949 bis 1955 wieder aufgebaut. Die Orgel stammt noch aus dem 18. Jahrhundert.

Nicht weit entfernt von der Neustadt findet im an der Weichsel gelegenen Multimedia Fountain Park von Mai bis Ende September am Wochenende eine spektakuläre Licht-, Sound- und Wassershow statt. Auf eine Wand aus Wasser werden Szenen aus der Geschichte Warschaus projiziert, begleitet von Laserstrahlen und den Bewegungen mehrere Meter langer Wasserstrahlen, die sich im Rhythmus der Musik emporheben und dabei von farbigen Scheinwer-

fern angeleuchtet werden. Um dieses Schauspiel zu bewundern, lässt man sich am besten auf dem grasbewachsenen Hang nieder. Die Shows finden von Mai bis Juli freitags und samstags um 21:30 Uhr, im August um 21:00 Uhr und im September um 20:30 Uhr statt. Warum ist heute bloß nicht der richtige Wochentag? Wir haben ähnliche Spektakel schon in anderen Städten erlebt und waren immer begeistert. Im Winter sollen hier statt Wasserfontänen Lichtstrahlen tanzen. Der Park wurde anlässlich des 125. Jahrestages der städtischen Wasserwerke angelegt, in Erinnerung an William Heerlein Lindley, der das 1886 eingeweihte Kanalisationsnetz in Warschau entworfen hatte.

Informationen findet man auf der Webseite park-fontann.pl/en

Am Präsidentenpalast

biegen wir ab Richtung Weichsel. Noch lässt sie sich nicht blicken. Der Verkehr verschwindet in der Tiefe und wir pau-

sieren mit Blick auf den Fluss und lassen uns in der Paloma Bar einen großen, nicht - alkoholischen Cocktail kreden-

zen. Das schwüle Wetter fordert seien Tribut. Boote schippern auf der

Weichsel.

Wir laufen am Wissenschaftszentrum Kopernikus (Wybrzeże Kościuszkowskie 20) vorbei. Die Besucher können sogar selbstständig Experimente durchführen, die die Grundgesetze der Naturwissenschaften erklären.

Hinter einem Skaterpark erwartet uns eine weitere Seejungfrau. Die Bildhauerin Ludwika Nitschowa schuf diese im Jahr 1939. Sie sollte ursprünglich auf einem Pfeiler mitten in der Weichsel stehen. Letztendlich wurde sie jedoch auf dem linken Weichselufer auf Höhe der Tamka - Straße auf-

gestellt - ein beliebtes Fotomotiv.

Auch an diesem Platz wird Wasser vernebelt, eine Abkühlung, die nicht nur Kinder nutzen. Wir füllen erstmal unseren Wasservorrat auf und begeben uns anschließend auf die Suche nach der angeblich einzigen, künstlichen Palme in Warschau.

Ganz in der Nähe im historischen Ostrogski-Palast wartet das Frederic Chopin Museum auf Besucher. Der französisch polnische Komponist und Pianist wurde am 22. Februar oder 1. März 1810 in Żelazowa Wola, im damaligen polnischen Herzogtum Warschau geboren. Er starb am 17. Oktober 1849 in Paris. Chopins Vater war Franzose, seine Mutter Polin. Im Museum kann man alles über seine Kindheit und Jugend, die er in Warschau verbrachte, und sein späteres Leben erfahren.

Nun haben wir die Pal-

me gefunden. Sie steht seit Dezember 2012 in der Mitte im Kreisverkehr Rondo de Gaulle am Ende der Nowy Świat. Wir hatten ein auffälligeres Exemplar erwartet. Die Palme stammt aus den USA und soll USD 12.000 gekostet haben.

Unser nächstes Ziel ist nun der imposante Kultur- und Wissenschaftspalast. Mit seinen 42 Etagen ist er das höchste und zugleich bekannteste Gebäude Warschaus, das man fast von

jeder Stelle in der Stadt aus sehen kann. Im April 1952 wurde der Bau beschlossen, im Mai war Baubeginn und schon drei Jahre später, im Juli 1955 war das 3.288 Zimmer umfassende Gebäude mit einer Gesamtfläche von 817.000 Quadratmetern fertig. 3.500 Arbeiter haben Tag und Nacht am Bau gearbeitet, 16 starben dabei. Der Architekt Lew Rudnew, ein Repräsentant des Sozialistischen Klassizismus, war für den Bau verantwortlich. Der Palast wurde im Auftrag des sowjetischen Diktators Stalin als Geschenk

an das Volk von Polen gebaut. Seine Fertigstellung erlebte Stalin nicht mehr. Trotzdem trug der Palast lange unter den Einheimischen den Namen Stalin - Palast. Er galt als Repräsentant der sozialistischen Macht und des Stolzes des polnischen Volkes. So wurden hier unter anderem die Kongresse der Polnischen Vereinigten Arbeiterpar-

tei abgehalten. In seinen monumentalen Innenräumen fanden von An-

fang an zahlreiche Ausstellungen, Messen, Konzerte und Shows statt.

Seit dem Ende des kommunistischen Regimes in Polen gibt es Forderungen nach einem Abriss des Palasts. Er ist im Kopf vieler Polen nach wie vor ein Symbol für die totalitäre Unterdrückung während der Sowjet - Zeit. Seit der

Neugestaltung der 3.288 Räume haben sich die Polen halbwegs mit dem Bauwerk versöhnt. Heute befinden sich darin Kinos, vier Theater und drei Museen und tren-

dige Kneipen sowie der zentrale Punkt der Warschauer Touristeninformation. Inzwischen ist er eines der am häufigsten besuchten Wahrzeichen der Stadt. Zum Neujahr 2000 wurde die weltweit höchste Turmuhr der Welt am Palast enthüllt, die Zeiger haben eine Länge von sechs Metern und lassen sich auch aus mittlerer Entfernung erkennen.

Ein Highlight ist der Besuch der Aussichtsterrasse im 30. Stock. Auf 114 Metern Höhe bietet sich uns ein toller Panoramablick in alle Richtungen über die polnische Hauptstadt (täg-

lich 10 bis 18 Uhr, Standardpreis: 25 Zloty,

Journalisten ermäßigt 20 Zloty). Das komplette Gebäude ist 30 Meter hoch. Zu seinen Füßen

erhebt sich ein auch nicht gerade kleiner

Obelisk.

Der Lazienki Park (Muzeum Lazienki Krolewskie) steht eigentlich noch auf unserem Pro-

gramm. Dort gibt es ein nachgebautes antikes Theater, eine Orangerie, das Myslowicki Schloss, einen chinesischen Garten und den klassizistischen Lazienki Palast auf einer kleinen Insel. Der Palast diente den polnischen Königen als Residenz. Heute kann man dort eine Gemäldesammlung bewundern. Am Chopin-Denkmal finden im Sommer Konzerte statt. Wir sparen uns den weiten Spaziergang und einen eventuellen Musikgenuss. Ausruhen ist angesagt. Unsere Füße sind heute schon 20.000 Schritte

gelaufen. Unser gestriges Restaurant wartet mit dem Abendessen und kühlem Bier auf uns. Diesmal werden unsere

Biere von Kohlroulade und Haxe begleitet. Hunger und Durst werden

gestillt. Derweil ist es dunkel. Wir flanieren über die Nowy Świat. Die Straße ist voller Menschen. Sie ist halt die Flaniermeile. Ein georgisches Restaurant trägt den Namen des georgi-

schen Gewürzes Chmeli Suneli.

Was haben wir sonst noch verpasst?

Auch das Schloss Wilanow, die Residenz von König Jan Sobieski III in Warschau, passte nicht mehr in unser Zeitprogramm. Einige Kilometer liegen zwischen ihm und der Altstadt. Es wurde zwischen 1677 und 1679 gebaut und soll eine gewisse Ähnlichkeit mit dem französischen Schloss Versailles haben. Sehenswert soll die prunkvolle Innenausstattung des Palastes im Stil des Barock, Rokoko und Klassizismus sein. Versailles kennen wir. Dann darf auch hier der große Schlosspark nicht fehlen. Rund 45 Hektar ist er groß und wurde in der Mitte des letzten Jahrhunderts umgestaltet. Der auf zwei Terrassen angelegte Barockgarten grenzt direkt an den Palast. Der sich anschließende Rosengarten wurde erst 1856 angelegt. Im Englischen Park aus den Anfängen des 19. Jahrhunderts kann man am Wilanów See entlang spazieren und eine kleine aufgeschüttete Insel, die Chinesische Laube und die Römische Brücke bewundern. Im südlich gelegenen Englisch-Chinesischen Garten stehen die ältesten Bäume der Anlage. Auf dem Hügel

des Bacchus wuchsen früher Weinreben.

Der auf der anderen Seite der Weichsel gelegene Stadtteil Praga soll der authentischste Teil von Warschau sein. Dort sind die meisten Gebäude im Original erhalten geblieben. Lohnenswert sind die Soho Factory mit dem Neon Museum, die Restaurants mit typischer polnischer Küche in der Zabkowska Straße und natürlich das Wodka-Museum. Wodka wurde in Polen erfunden, nicht in Russland. Darauf sind die Polen sehr stolz.

Das Museum befindet sich in dem im 19. Jahrhundert errichteten Gebäude der ehemaligen Warschauer Wodkafabrik Koneser (pl. Konesera 1). In den Zwischenkriegsjahren entstanden hier die Rezepturen für bekannte polnische Wodka-Marken wie Wyborowa oder Luksusowa. Hier kann man die über 500

Jahre während Geschichte der berühmtesten polnischen Spirituose kennenlernen, die damit verbundenen Traditionen und Bräuche sowie die technologischen Veränderungen im Herstellungsprozess. Die Destillations - Apparatur von Jan Pistorius revolutionierte die Destillation des 19. Jahrhunderts und ermöglichte die Gewinnung von 85prozentigem Alkohol in einem einmaligen Prozess. Natürlich gibt es eine Sammlung origineller Flaschen aus verschiedenen Epochen. Das Highlight ist dann die Verkostung in der Wodka - Akademie. Hier kann man verschiedenen Aromen nachspüren, je nachdem, ob der Wodka aus Roggen, Weizen oder Kartoffeln gebrannt wurde. Der Besuch des Museums ist leider nur nach vorheriger Buchung über E-Mail möglich. Minimum ist eine Gruppe von sieben Personen. Die Reservierung muss sieben Tage vor dem Besuch erfolgen. Somit haben wir keine Chance. Die E-Mail Adresse lautet:INFO @MUZEUMWODKI.PL und TEL. +48 692 307 202.

An Regentagen lassen sich gut ein paar Stunden im Nationalmuseum Warschau, dem Muzeum Narodowe (Jerozolimskie 3, www.mnw.art.pl) verbringen. Gezeigt wird eine Sammlung von Exponaten aus der Antike bis in die Neuzeit. Zum Museum gehören eine der größten Sammlungen Nubischer Kunst und Kultur, eine Gemäldesammlung, die Polish Design Factory sowie das Polnische Militärmuseum mit einer Ausstellung von Panzern, Raketen und MIG Kampfflugzeugen (Eintritt: permanente Ausstellung: 20 Zloty, 25 Zloty für die Sonderausstellung).

Ein Fotoplastikon war an der Wende vom 19.

zum 20. Jh. ein populäres Gerät, um sich wechselnde dreidimensionale Bilder ansehen zu können. Das Warschauer Fotoplastikon ist das einzige Gerät in Polen und eines von wenigen noch betriebenen weltweit. Es entstand zu Beginn des 20. Jh. und war bis auf wenige Unterbrechungen fast das ganze Jahrhundert in Betrieb. Nach Kriegsende lagen mehr als 80 Prozent des bebauten Warschaus in Schutt und Asche. Die Farbbilder von Warschau aus der Vorkriegszeit, die es im Fotoplastikon noch gab, dienten unter anderem als Vorlage zum Wiederaufbau. Nach dem Krieg, in den 1940er und 1950er Jahren, bot sich den Besuchern die Möglichkeit, Bilder aus dem Westen und von Orten sehen zu können, deren Besuch damals schlichtweg unmöglich war. Das Fotoplastikon befindet sich in der Aleje Jerozolimskie 51 in einem Hinterhofgebäude (fotoplastikonwarszawski.pl).

Am nächsten Morgen geht es weiter. Wir bestellen uns ein Uber-Taxi. Die Ziel-Adresse im Fahrer-Handy entspricht nicht unseren Wünschen. Wir landen „sonst wo". Die grobe Richtung stimmt. Der Fahrer ist Russe, hat aber eine deutsche Bekannte in Baden-Baden. Sie wird als Übersetzerin zugeschaltet und wir schaffen es noch rechtzeitig zu unserer Weiterreise. Adrenalinschub pur.

Allgemeine Informationen zu Warschau und Polen.

Anreise: Flughafen Chopin. Ein Uber kostet vom Flughafen rund sechs Euro in die Altstadt. Alternativ fährt ein Bus und ein Zug vom Flughafen nach Warschau.

Öffentliche Verkehrsmittel in Warschau:

Warschau verfügt über ein sehr gutes Angebot an öffentlichen Verkehrsmitteln, mit denen man fast alle Ecken der Stadt erreichen kann. Das System umfasst dabei Busse, Metro, Trambahnen und Nahverkehrszüge.

Die Nahverkehrszüge sind für die meisten Besucher nur beim Transfer zwischen dem Flughafen und der Innenstadt von Bedeutung, wenn man sich gegen den Bustransfer oder ein Taxi entscheidet, da die wichtigsten Ziele in Warschau besser mit anderen Verkehrsmitteln zu erreichen sind.

Wenn man sich nur rund um die Altstadt und den Palast der Kultur und Wissenschaft bewegt, ist es bequemer, zu Fuß zu gehen. Abgesehen davon bietet Warschau ein schnelles, sicheres, effizientes öffentliches Nahverkehrssystem mit U-Bahn, Straßenbahnen, Bussen und Nachtbussen, die alle von ZTM betrieben werden. Die zweite Linie der Warschauer U-Bahn wurde im Jahre 2015 eröffnet und verbindet die beiden Ufer der Weichsel miteinander. Alle ÖPNV-Tickets können an ZTM-Verkaufsstellen, in einigen Zeitungskiosken sowie an Fahrkartenautomaten erworben werden. Man kann mit Bargeld sowie mit Kreditkarte bezahlen. Eine 20-Minuten Einzelfahrkarte mit Umsteigemöglichkeit (Zone 1 und 2) kostet 3,40 PLN, 40 Minuten 4,60 PLN und 60 Minuten 6,40 PLN. Für Touristen und Gäste empfiehlt sich der Kauf einer Tageskarte, die 24 Stunden und für die Zone 1 gültig ist und 15 PLN kostet. Eine 3-Tageskarte kostet 30 PLN (Stand 2024). Die Fahrscheine müssen vor Fahrtantritt entwertet werden. Die Restgültigkeit des Fahrscheins wird stets auf der Rückseite minutengenau aufgedruckt.

Zwischen März und November kann man sich auch beim Fahrradverleih-System Veturilo ein Rad ausleihen.

Metro in Warschau

Derzeit gibt es zwei Metrolinien. Die Linie M1 führt von Nord nach Süd. Die Linie M2 hingegen von Ost nach West. Beide Linien kreuzen sich an der Station Swietokrzyska (in unmittelbarer Nähe des Kulturpalastes). Derzeit befindet sich die Linie M3 im Bau (2024 im Stadtbezirk Praga-Süd). Eine vierte Linie ist in Planung.

Der Bahnhof ist leider noch nicht mit dem Metronetz verbunden, alerdings nur fünf Minuten Fußweg von der Metrostation Centrum entfernt. Man kann die-sen Weg natürlich auch bequem mit Bussen und Trambahnen zurücklegen (jeweils eine Haltestelle).

Ebenso ist die Altstadt nicht direkt erreichbar, allerdings ist es von der Metrostation Ratusz Arsenal nur eine Station in östlicher Richtung (Praga) mit Bus 125, 170, 190, 307, 512 oder Tram 13, 23, 26, 32.

Die Blaue Metro-Linie M1 verfügt über 21 Stationen auf einer Länge von gut 23 Kilometern. Die Metro durchquert die Stadt von Süden (Kabaty) nach Norden (Młociny) auf der westlichen Seite der Weichsel. Hier befinden sich auch die meisten touristischen Ziele. Die Stationen sind Kabaty/ Natolin/ Imielin/ Stokłosy / Ursynów/ Służew / Wilanowska/ Wierzbno/ Racławicka/ Pole Mokotowskie / Politechnika / Centrum / Świętokrzyska / Ratusz Arsenał/ Dworzec Gdański / Plac Wilsona (2008 zur schönsten neuen U-Bahnstation der Welt gekürt) / Marymont / Słodowiec / Stare Bielany / Wawrzyszew / Młociny.

Weitere zwei U-Bahn Haltestellen (Plac Konstytucji und Muranow) sollen auf der bestehenden Trasse noch eingefügt werden.

Die Rote Linie M2 mit 21 Haltestellen verläuft von Westen von Bernowo nach Brodno im Osten. Später soll sie von Połczyńska im Westen nach Gocław im Osten reichen und über 30 Kilometer bedienen. Die Stationen sind Karolin / Chrzanów / Lazurowa / Bemowo / Ulrychów / Księcia/ Janusza / Młynów/ Płocka / Rondo Daszyńskiego / Rondo ONZ / Świętokrzyska / Nowy Świat/ Uniwersytet / Centrum Nauki Kopernik / Stadion Narodowy / Dworzec Wileński / Szwedzka / Targówek Mieszkaniowy / Trocka / Zacisze / Kondratowicza / Bródno.

Es gibt fast 30 Trambahnlinien, die die Stadt in alle Richtungen verbinden.

Es gibt einige Trambahn Hauptknotenpunkte, an denen sich viele Linien kreuzen, wie: Dworzec Centralny (der Hauptbahnhof), Pl. Zawiszy, Okopowa, Rondo Radoslawa, Rondo Starzynskiego, Dworzec Wilenski und Rondo Waszyngtona.

Der Bus ist das am häufigsten zu findende öffentliche Nahverkehrsmittel, mit über 1.000 Stück auf rund 100 Linien. Bushaltestellen gibt es an allen größeren Straßenkreuzungen der Stadt.

Unterschieden werden der normale Bus, der an jeder Haltestelle hält und der Schnellbus / Expressbus (dessen Busnummer dreistellig ist und mit 5 beginnt, beispielsweise die Buslinie 500), der nur an wichtigen Haltestellen hält und so um einiges schneller ist.

Die Betriebszeiten sind von etwa 5-23 Uhr. In der Nacht (ab ca. 23 Uhr) gibt es spezielle Nachtlinien, die mit einem N gekennzeichnet sind. Alle Nachtlinien verlassen gleichzeitig den Hauptbahnhof stets um viertel nach bzw. viertel vor einer jeden Stunde während der Betriebszeit und fahren in alle Richtungen der Stadt. So kann man zu jeder Tages- und Nachtzeit auch die entferntesten Winkel der Stadt erreichen.

In vielen Taxis kann man auch mit Kreditkarte bezahlen.

Alternativ bestellt man über die Uber-App ein Taxi. Der Preis wird dann direkt über die App abgebucht.

Wir haben bis dato keine Zloty gebraucht, da wir immer mit Kreditkarte bezahlen konnten.

Grundsätzliches zum Thema Geld wechseln: Die Wechselstuben haben einen ungünstigen Kurs. Polnische Geldautomaten verlangen oft eine eigene Gebühr zusätzlich zu der Fremdautomaten- (4 bis 10 Euro) und Fremdwährungsgebühr (1 bis 3%) der eigenen Bank. Die Bank Polski verlangt zum Beispiel eine Gebühr von 15,90 Zloty (rund 3,80€) an ihren Automaten. Euronet Geldautomaten haben eine hohe voreingestellte Mindestabhebesumme. Rechnet man außerhalb der Euro-Zone in Euro ab, rechnet der Geldautomat oder das Kartenlesegerät das Geld mit einem eigenen Kurs ab. Der sogenannte DCC (Dynamic Currency Kurs) ist 4 bis 12% schlechter als der Tageskurs von Visa und Mastercard - immer in Zloty bezahlen empfiehlt sich also. Die Frage „Mit einem garantiert festgelegten Wechselkurs zwischen dem Euro und Zloty abrechnen?" empfiehlt sich unter Kostengesichtspunkten abzulehnen.

Route PLN 2 Krakau

Der Internationale Johannes Paul II. – Flughafen in Kraków-Balice liegt circa elf Kilometer westlich vom Zentrum (ca. 30 Minuten mit dem Auto) entfernt. Direktflüge aus Deutschland werden von den Flughäfen Berlin, Dortmund, Düsseldorf, Düsseldorf - Weeze, Frankfurt, Köln / Bonn, München, Stuttgart als auch von der österreichischen Hauptstadt Wien angeboten.

Direkte Bahnverbindungen gibt es von Berlin als auch von Wien aus.

Mit dem Auto braucht man von Berlin circa sechs Stunden (600 Kilometer), von Dresden fünf Stunden (520 Kilometer) und von Wien sechs Stunden (450 Kilometer).

Auch Flixbus bedient Krakau. Eine Direktverbindung gibt es u.a. von Berlin und Wien.

Die einstige Königsstadt Krakau (polnisch Kraków) ist die Hauptstadt der Provinz Małopolska (Kleinpolen). Mit ihren knapp 800.000 Einwohnern ist sie die zweitgrößte Stadt Polens. Die Entfernung zur Hauptstadt Warschau beträgt knapp 290 Kilometer. Die geschichtsträchtige Stadt ist zugleich aber auch eine junge Stadt, eine beliebte Universitätsstadt. Jeder siebte Einwohner soll Student sein.

Das historische Zentrum von Kraków gehört seit 1978 zum UNESCO Weltkulturerbe. 2013 erhielt die Stadt auch den Titel UNESCO-Literaturstadt. Das Weltkulturerbe umfasst neben der Altstadt, die den Zweiten Weltkrieg relativ unbeschadet überstanden hat, auch den Wawelberg mit Burg und Kathedrale sowie das ehemals jüdische Viertel Kazimierz.

Über Krakau führten schon im Mittelalter Pilgerrouten und Handelswege. Die Via Regia, auch Hohe Straße oder Königlicher Weg genannt, verband das Rheinland über Frankfurt am Main und Leipzig mit Schlesien. Der Kleinpolnische Jakobsweg ist einer der mittelalterlichen Jakobswege und ein Teil der Via Regia. Der Abschnitt in Kleinpolen wurde offiziell am 25. Juni 2009 wiedereröffnet. Die Via Jagiellonica ist eine europäische Kulturstraße, die anlässlich des 600. Jahrestages der Schlacht von Tannenberg 2010 eingeweiht wurde.

Auf dem Wawelhügel schlägt seit 1.000 Jahren das Herz Polens. Mehr als 500 Jahre lang regierten die polnischen Könige von dort ihr Land. Im Jahr 1241 zerstörten die Tataren die Stadt. 1257 gründete man sie nach Magdeburger Stadtrecht neu und baute sie wieder auf. 1335 legte der polnische König Kazimierz III. Wielki den Grundstein für die damals eigenständige Stadt Kazimierz, die sich im Laufe der Jahrhunderte zu einem der größten jüdischen Zentren Mitteleuropas entwickelte. Bis 1596 war Krakau die Hauptstadt des Königreichs Polen und Krönungsstadt der polnischen Könige. Prachtvolle Bauten aus der Gotik, der Renaissance und dem Barock prägen auch heute noch das Stadtbild von Krakau.

Die Krakauer Altstadt wurde ab 1257 um den Rynek Główny, den mit 200 mal 200 Metern wohl größten mittelalterlichen Marktplatz in Europa, angelegt. Elf Straßen führen auf den Platz. Die Altstadt ist schachbrettartig angelegt und wurde früher von einer doppelten Stadtmauer, einem Gra-

ben sowie sieben Stadttoren und 47 Wehrtürmen umgeben. Nur noch ein kurzer Abschnitt und ein Stadttor, das Flori-

anstor, sind erhalten geblieben. Über eine von zwei hohen Mauern gesäumte Brücke war das Tor mit einer mächtigen Barbakane, einem der Stadtmauer vorgelagerten Verteidigungswerk in Form einer runden Bastei, mit der anderen Seite des Stadtgrabens verbunden. Dies lässt sich

sehr gut an dem Modell erkennen. Am Florianstor begann auch die Königsroute, die über die Florianstraße (Floriańska) und den Hauptmarkt zum Königsschloss auf der Wawel-Burg führte. Ein Flachrelief des heiligen Florian schmückt die Innenseite des Turmes, ein

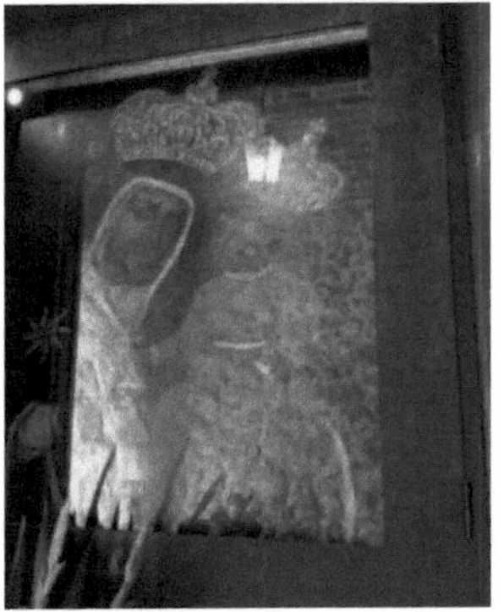

Steinadler die Außenseite. Im Durchgang befindet sich eine Kapelle mit einem Bildnis der Muttergottes mit dem Jesuskind. Das Tor

scheint Maler magisch

anzuziehen. Viele Künstler bieten hier ihre Werke an. Sie hoffen darauf, dass die durch das Tor auf dem Königsweg einziehenden gutsituierten Touristen kauffreudig sind. Mit der Entwicklung und dem Einsatz moderner Artillerie verlor die Stadtmauer an strategischer Bedeutung. Nachdem der Stadtgraben im 19. Jahrhundert zu einer illegalen Müllhalde verkam, wurde der Abriss der Stadtmauer verfügt. Erhalten blieben nur das Florianstor und das Barbakane. Heute umschließen Grünanlagen die Altstadt. Wir laufen durch die Floriańska. An der Hausnummer 32 will uns

Einstein in das Gebäude locken. Ein Ritter hebt

drohend sein Schwert - wir stehen vor dem Museum der wächsernden Gestalten. Wir widerstehen jedoch der Versuchung und laufen weiter zum zentralen Marktplatz. Die Marienkirche mit ihren zwei unterschiedlich hohen Tür-

men haben wir schon von Weitem gesehen. Man sagt, dass die Wächter auf dem höheren Turm so einen 360

Grad-Blick hatten. So konnten nahende Feinde und Brände in der Stadt frühzeitig erspäht werden. Vom Nordturm erklingt zu jeder vollen Stunde das Hejnal, ein

Trompetensignal. Es ertönt nur für ein paar Sekunden, dann bricht es ab. Die Geschichte erzählt, dass ein Stadtwächter während seines Trompetensignals von herannahenden Feinden vo einem Pfeil getroffen wurde. Sein Signal ließ gerade noch rechtzeitig die Stadttore schließen und schützte die Bewohner so vor einem Angriff der Tataren. Der Arme, nun erlebt er täglich immer wieder zur vollen Stunde das gleiche Szenario. Zur vollen Stunde ist der Platz vor der Marienkirche besonders voll. Alle - auch wir - starren nach oben und warten auf den Trompeter.

Die zwischen dem 13. und 15. Jahrhundert errichtete Marienkirche ist definitiv eines der Wahrzeichen von Krakau. Dank ihres einzigartigen Hochaltars erlangte sie weltweite Berühmtheit. Dieser stammt aus der Werkstatt des spätgotischen Nürnberger Bildhauers Veit Stoß und gilt als größter seiner Art in Europa. Der imposante, 13 Meter hohe und 11 Meter breite Flügelaltar

ist aufwändig mit goldenen Skulpturen verziert. Während der Messe kann man kostenfrei einen Blick in die Kirche und auf den Altar werfen. Er ist tatsächlich beeindruckend.

Im Zentrum des Platzes

stehen jedoch die im Renaissance-Stil errich-

teten Krakauer Tuch-hallen (Sukiennice). Hier

wurde mit flämischem und englischem Tuch ge-handelt. Kasimir der Große gab ihren Bau be-reits im Mittelalter in Auftrag. Nachts lieferten Pferdefuhrwerke neue Waren in die enge Pas-sage zwischen den Krä-merläden. Die Seitenein-gänge waren zum Schutz vor Dieben mit Metall-gittern versperrt. Im Erd-geschoss werden die mittelalterlichen Läden

bis heute von Händlern genutzt. An den Wänden

über den hölzernen Verkaufsständen sehen wir polnische Stadtwap-pen und Zunftzeichen. Statt Tuch gibt es heute eher Souvenirs, Cafés und Restaurants. Im Obergeschoss präsentiert die „Galerie polnischer Malerei" Werke aus dem 19. Jahrhundert. Seit 2010 kann man im unterirdischen Museum bis zu den ältesten Fundamenten der Stadt vorstoßen. Pferdefuhrwerke

fahren immer noch durch die Altstadt. Tuch transportieren sie nicht mehr. Naja, die Kutscher

warten auf zahlungskräftige, in Tuch gehüllte Touristen.

Ein beliebtes Fotomotiv ist auch das Adam-Mickiewicz-Denkmal, ei-

ne riesige Bronzestatue eines Kopfes.

Südöstlich der Tuchhallen steht auf dem imposanten Marktplatz

die wohl kleinste Kirche der Stadt, die St. Adalbertkirche aus dem 11./12. Jahrhundert, eines der ältesten Beispiele für romanische

Baukunst in Polen. Sie stand schon vor der Neugründung der Stadt, somit auch vor der Anlage des Marktplatzes. Im Widerspruch zum Schachbrettmuster des Hauptmarkts ist sie nach Osten ausgerichtet. Hier, an der Kreuzung wichtiger Handelsstraßen, soll der heilige Adalbert von Prag gestanden und gepredigt haben, um die heidnischen Pruzzen zu missionieren. Im 17. Jahrhundert wurde die Kirche im barocken Stil umgebaut.

Im gotischen Rathaus-

turm tauchen wir anhand von Ausstellungen in die Geschichte Kra-

kaus ein. Nicht weit entfernt, am Rynek Główny 35, kann man in edler Umgebung im Café Europejska speisen. Das

Café/ Restaurant befindet sich im Gebäude des historischen Krzysztofory-Palastes. Die Innenräume im Art-Deco-Stil erinnern an die 1930er Jahre, als am 11. September 1929 die erste Europejska, die Europejska Patisserie, ihre Türen öffnete.

Nach Abendessen steht uns nun auch der Sinn. Hier finden wir keinen Platz, aber der Marktplatz ist groß und das gastronomische Angebot riesig. Das Bier ist kühl

und schmeckt. Heute muss es auch noch eine

Nachspeise sein.

Am nächsten Tag geht es wieder auf Erkundungstour. Unsere erste Entdeckung ist das historische „Pod Globusem", das „Haus unter dem Globus" (Długa-

Straße 1, an der Ecke zur Basztowa-Straße). In der Fassade ist ein interessantes Relief eines alten Segelschiffes, fast ein Wikingerboot, eingear-

beitet.

Nun wandeln wir auf den Spuren von Nikolaus Kopernikus. Das Universitätsviertel ist das älteste in ganz Polen. Die erste „Studie Generale" (mittelalterlich lateinische Bezeichnung für Universität/ Akademie) wurde von König Kasimir dem Großen im Jahre 1364 gegründet. Nach seinem Tod verfiel sie zunächst. Erneuert wurde sie im Jahre 1400 unter der Herrschaft von Wladislaus, dem ersten polnischen König der Jagiellonen-Dynastie. Zu den Studenten der nach ihm benannten Jagiellonen-Universität gehörten Nikolaus Kopernikus und der spätere Papst Johannes Paul II. Im Hauptgebäude, dem Collegium Novum, ist derzeit das Verwaltungszen-

trum untergebracht. Im Collegium Maius, dem ältesten Gebäude der Universität und dem ursprünglichen Sitz der Philosophischen Fakultät, besuchen wir das Museum zur Geschichte der traditionsreichen Bildungsstätte. Sehenswert sind das Librarium - Bibliothek -, die Stuba Communis - Mensa - , die Schatzkammer mit alten astronomischen und astrologischen Instrumenten, die Professorenzimmer, die Wohnung von Papst Johannes Paul II. oder die Aula. Der Jagiellonen - Saal, der ehemalige Theologen-Hörsaal, befindet sich im ältesten Teil des Collegium Maius. Auf dem Steinportal steht geschrieben „Plus ratio quam vis" („Aus Vernunft statt durch stumpfe Gewalt"), das Motto der Universität. Im Saal hängen rund 100 Porträts ihrer bedeutendsten Persönlichkeiten. Er erfüllt heute noch verschiedene repräsentative Funktionen. Hier finden unter anderem Ehrendoktor- und Habilitationszeremonien statt. 1980 nahm der Papst im Saal die Ehrendoktorwürde entgegen. Der Innenhof ist frei zu-

gänglich. Im Professorengarten treffen wir auf ehrwürdige Persönlichkeiten. Ein Koperni-

kus-Denkmal steht vor dem Geschichtsinstitut.

Am nicht weit entfernten Krakauer Bischofspalast begeisterte Papst Johannes Paul die Gläubigen und seine Anhänger. Hier wohnte er während seiner Pilgerreisen nach Polen. Von

dem berühmten „Papstfenster" aus hielt er seine legendären infor-

mellen abendlichen Audienzen. Schon im Jahr 1946 erhielt er im Bischofspalast die Priesterweihe. In den Jahren 1964-1978 wohnte und arbeitete er dort, zunächst als Weihbischof, später als Metropolit von Krakau.

Das Krakauer Bistum wurde im Jahr 1000 gegründet. Daraufhin begann der Bau der ersten Kathedrale auf dem Wawelhügel. In den ersten Jahrhunderten residierten die Krakauer Bischöfe neben der Kathedrale. Der heutige Bischofssitz wurde erstmals im späten 14. Jahrhundert erwähnt.

Dem Bischofspalast gegenüber steht die Fran-

ziskanerkirche (ul. Franciszkańska 2). Von außen

streng gotisch, innen weiche Bögen, leuchten-

de Farben. Nein, diese großartigen Jugendstil-

fresken und -fenster wurden nicht von Marc Chagall (1887 bis 1985), dem berühmten französischen Maler gestaltet, sondern es sind Jugendstilwerke von Stanisław Wyspiański (1869 bis 1907). Eine gewisse Ähnlichkeit in der Farbgestaltung ist unbestritten. Geometrische und florale Motive (typische polnische Wiesenblumen) dominieren die Malereien an den Wänden des Chors und des Querschiffs. In den Chorfenstern sind die vier Elemente und die Figuren der seligen Salomea, der Schwester von Herzog Boleslaus, und des heiligen Franz von

Assisi dargestellt. Das monumentale Buntglasfenster „Gott Vater – Es werde" beherrscht den

gesamten Innenraum. Auch diese Buntglasfenster sind ein Werk von Stanisław Wyspiański.

Vorbei an der Andreaskirche, einer der ältes-

ten (1079 bis 1098) Kirchen in der Krakauer Altstadt, stehen wir nun vor der St.-Peter-und-Paul-Kirche (Grodzka 52 a). Sie ist berühmt für die Statuen der zwölf Apostel an ihrer Fassade, ge-

schaffen von dem Bildhauer Hieronimus Canavesi. Im 18. Jahrhundert ersetzte man die Originale durch Kopien, da jene durch die Luftver-

schmutzung völlig zerfressen waren. Nachdem die agressiven Emissionen der Krakauer Stahlhütte in Nowa Huta sie fast gänzlich zerstört hatten, mussten auch diese im Jahr 2003 komplett restauriert werden.

Die Kirche wurde auf Initiative des Priesters Piotr Skarga für den Jesuitenorden nach einem Entwurf des Architekten Giovanni Battista Trevano aus Lugano nach dem Vorbild der römischen Il-Gesù-Kirche erbaut und von König Sigismund III. gestiftet. Die Il-Gesù-Kirche ist die Mutterkirche des 1534 durch Ignatius von Loyola gegründeten Jesuitenordens. In der Kuppel der Kirche wurde ein so genanntes Foucaultsches Pendel aufgehängt, das durch seine Abweichung zeigt, dass die Erde sich dreht.

Wir wandern weiter zum Wawelhügel und erklimmen seine 228 Meter. Hier oben stehen die Kathedrale und das Schloss. Im 14. Jahrhun-

dert ließ der polnische König Kasimir der Große das Schloss als Königs-

sitz bauen. Nach einem Brand wurde der ehemals gotische Stil im Renaissance-Stil renoviert. Das Schloss zählte zu den prachtvollsten europäischen Schlössern. Die

schwedischen Invasionen Mitte des 17. und Anfang des 18. Jahrhunderts und die Besetzung durch die Preußen im Jahr 1794 brachten wieder Zerstörungen. In 1795 begann der Wiederaufbau. Die Österreicher sorgten für eine neue Befestigung der Wawelburg. Nach dem

Ersten Weltkrieg wurde das Wawel-Schloss zum Sitz des Präsidenten der jungen Republik Polen und nach dem Zweiten Weltkrieg zum Nationalmuseum.

Die Burganlage besteht nach wie vor aus einer Vielzahl an Gebäuden, Türmen und Verteidi-

gungsanlagen. Der von Arkaden gesäumte In-

nenhof ist sehenswert. Neben prachtvollen Gemächern im Renaissance-Stil können auch die Schatz- und die Waffenkammer sowie das für die Krönungszeremo-

nien verwendete und gut gesicherte Krönungsschwert „Szczerbiec" besichtigt werden. Auch die kunstvoll bemalten Ledertapeten und die berühmte Sammlung an über hundert kostbaren französischen Wandteppichen haben die Plünderungen des Zweiten Weltkrieges überlebt.

Rund um das Wawel-Schloss erstreckt sich ein 300 Quadratmeter großer Garten, der originalgetreu rekonstruiert wurde.

Nach der Ernennung Krakaus zum Bischofssitz entstand auf dem Wawelhügel die erste Kathedrale. Von dieser sind nur noch die Fundamente erhalten ge-

blieben. Die jetzige Kathedrale im gotischen

Baustil wurde 1364 geweiht und im Laufe der Jahrhunderte um einige Kapellen erweitert. Sie

trägt die Merkmale vieler Stilrichtungen und ist von einem Kranz aus 18 Kapellen umgeben. So entstand im frühen 16. Jahrhundert an der Süd-

fassade die Sigismundkapelle mit ihrer vergol-

deten Kuppel, ein Meisterwerk der Renaissance. Auch nach der Verlegung des Königssitzes nach Warschau (Warszawa) im Jahr 1596, wurden in der Kathedrale die polnischen Könige gekrönt. In der Krypta fanden die meisten von ihnen ihre letzte Ruhestätte. Im Innern der Kathedrale zwischen Haupt- und Querschiff, steht der von einem vergoldeten Baldachin bedachte silberne Sarkophag des Heiligen Stanislaus, ehemaliger Bischof von Krakau und polnischer Nationalheiliger. Vier Engelstatuen tragen den Sarkophag, ein Werk des italienischen Künstlers Giovanni Trevano im 17. Jahrhundert. Neben den polnischen Königen haben die meisten Bischöfe und Erzbischöfe von Krakau, einige Nationalhelden sowie berühmte Künstler Polens ebenso hier ihre letzte Ruhestätte gefunden.

Neben dem Haupteingang hängen an einer

 Kette drei riesige Knochen - ein Mammutbein,

eine Walrippe und der Schädel eines Wollnashorns. Laut Legende

wird die Kathedrale solange Bestand haben, wie hier die Knochen

hängen.

Der berühmte Sigismund-Glockenturm war

Teil der Befestigungsanlage. Die Sigismund-Glocke wurde im Jahr 1520 wohl aus ausrangierten Kanonen gegossen und am 13. Juli 1520 binnen einer Stunde auf den Turm gezogen. Sie wog/ wiegt stolze 12,7 Tonnen. Allein der Klöppel bringt über 350 Kilogramm auf die Waage. An ihrer zwei Meter hohen Flanke sind Reliefs mit dem Heiligen Sigismund und dem Heiligen Stanislaus sowie das polnische Wappen eingeprägt. Zwölf Glöckner waren damals nötig, um sie in Bewegung zu setzen. Ihr voller Klang tönte/ tönt bis zu zwölf Kilometer weit. Früher schlug die Sigismund-Glocke zur Geburt von Königskindern, heute ertönt sie an Feiertagen und zu wichtigen nationalen Ereignissen. Die Glocke war jahrhundertelang die größte Glocke Polens, bis sie fast 500 Jahre nach ihrer Entstehung von den 15 und 11,6 Tonnen schweren Glocken der 2004 fertiggestellten Kirche in Licheń Stary, einem Dorf mit 1.100 Einwohnern im östlichen Teil der Woiwodschaft Großpolen, auf den dritten Platz verdrängt wurde. Trotzdem bleibt die Sigismund-Glocke die be-

kannteste Glocke Polens.

Mythen ranken sich um eine Höhle unterhalb des Wawel-Hügels direkt an der Flusspromenade. Hier spuckt der Wawel-Drache alle paar Minuten Feuer - seit 1970 als rund sechs Meter hohe

Metallskulptur von Bronisław Chromy und dank eingebauter Erdgasdüsen. Die Legende besagt, dass der ehemals dort lebende feuerspeiende Drache die Einwohner der Stadt terrorisierte. Kein Ritter konnte ihn besiegen, immer mehr

Jungfrauen fielen ihm zum Opfer. Die Hand der Königstochter Wanda sollte derjenige gewinnen, der den Drachen endgültig erledigte. Eines Tages meldete sich ein junger Schuster. Er füllte ein Lamm mit Schwefel und legte es vor der Drachenhöhle ab. Der Drache verschlang es. Er bekam starke Bauchschmerzen und trank so viel Weichsel - Wasser, dass er platzte. Eine andere Geschichte erzählt, dass der Ritter Krak den Drachen tötete und danach die Stadt Krakau gründete. Ein nicht - feuerspeiender Wawel-Drache ist ein beliebtes Souvenir.

Weiter geht es zum früher eigenständigen Kazimierz, heute ein Stadtteil Krakaus. Hier siedelten sich ab Ende des 15. Jahrhunderts viele Juden an, die nach Pogromen aus Krakau flohen. Das jüdische Viertel war zeitweise durch eine Mauer vom christlichen Viertel der Stadt getrennt. Fast 70.000 Juden lebten dort zu Beginn des Zweiten Weltkriegs. Sie wurden von den Nationalsozialisten in ein Ghetto im Stadtteil Podgórze auf dem anderen Weichselufer deportiert. Die meisten Bewohner fanden später im KZ den Tod. In Kazimierz steht Polens älteste erhaltene Synagoge (Szeroka 24). Sie stammt aus dem 15. Jahrhundert. Heute dient sie als Museum für jüdische Geschichte. Letztendlich sind sieben Synagogen erhalten geblieben. In der 1551 erbauten Remuh-Synagoge finden noch Gottesdienste, in der Tempel Synagoge aus dem Jahre 1860 festliche Veranstaltungen statt. Auch wenn heute nur wenige jüdische Bürger in Kazimierz wohnen, ist das Interesse an der jüdischen Kultur und Geschichte dort neu erwacht. Rund um die Szeroka-Straße im Zentrum des Stadtviertels entstanden Lokale, in denen zu Klezmer-Musik traditionelle jüdische Gerichte serviert werden. Klezmer ist eine aus dem aschkenasischen Judentum (mittel-, nord- und osteuropäische Juden und ihre Nachfahren) stammende Volksmusiktradition. Um das 15. Jahrhundert entwickelten Volksmusikanten, die Klezmorim genannt wurden, eine Tradition nicht-liturgischer, weltlicher jüdischer Musik. Sie spielten bei Hochzeiten und anderen Festen auf.

Jedes Jahr im Sommer, Ende Juni / Anfang Juli findet dort seit 1988 das jährliche größte jüdische Kulturfestival Mitteleuropas statt.

Die Fußgängerbrücke „Bernatek Footbridge" verbindet die beiden Stadtteile Kazimierz und Podgórze. Geht man auf

der Weichselbrücke, so gerät sie in Schwingungen und die dort plat-

zierten Akrobaten ebenso.

Noch heute gibt es in Podgorze Graffitis und Plätze, die an das Ghetto und die Judenvernichtung erinnern. Der Platz der Ghettohelden (Plac Bohaterów Getta) – früher Platz der Einheit (Plac Zgody) - war die letzte Station für die Bewohner des jüdischen Stadtteils vor dem Abtransport in Konzentrations- und Vernichtungslager. Hier wurden die Krakauer Juden zur Deportation zusammengetrieben.

Zur Erinnerung stehen

heute hier 70 Metallstühle, jeder Stuhl symbolisch für etwa tausend Juden, die einst auf engstem Raum dort im Ghetto gelebt haben. Da von ihnen nur ein paar Möbel zurückgeblieben sind, stehen nun diese Stühle auf dem Platz.

Die ehemalige Emaille-Fabrik des Unternehmers Oskar Schindlers ist nicht weit. Heute ist sie Teil des Krakauer Museums (Lipowa 4, von 10 bis 18 Uhr) und kann besichtigt werden. In der Dauerausstellung erfahren Besucher Hintergrundinformationen zu Schindler, seinen Motiven und den Lebensumständen der von ihm geretteten Juden. Ebenso sehenswert ist auch der hochgelobte US-amerikanische Spielfilm „Schindlers Liste" (Originaltitel: Schindler's List) von 1993, der von Steven Spielberg inszeniert und koproduziert wurde. Das Drehbuch beruht auf dem gleichnamigen Roman von Thomas Keneally. Grundlage des Buches und des Filmes sind die wahren Begebenheiten.

Der Tag neigt sich dem Ende zu. Wir haben viel, aber bestimmt nicht alles gesehen. Wir gehen zurück zum Marktplatz, lauschen noch einmal dem Trompeter und lassen den Tag dort ausklingen. Morgen fahren wir weiter nach Breslau.

Route PLN 3 Breslau.

Breslau (Wrocław) ist die Hauptstadt von Niederschlesien. Warschau ist 352 Kilometer entfernt, Berlin ebenso, Dresden 276 , Prag 292 und Krakau 272. Der internationale Flughafen von Breslau (WRO) ist ungefähr zehn Kilometer vom Stadtzentrum entfernt und kann per Bus oder Taxi erreicht werden. Direktflüge gibt es von Deutschland aus mit Lufthansa ab München (MUC), Frankfurt (FRA), mit Eurowings ab Düsseldorf (DUS) und mit Wizzair ab Dortmund (DTM).

Von Berlin aus erreicht man Breslau mit dem Zug direkt in circa vier Stunden, von Dresden aus mit Umstieg in Görlitz sind es circa drei bis vier Stunden.

Fährt man mit dem eigenen PKW ist man flexibler. Auf Polens Straßen lässt es sich gut fahren.

Breslau ist die Hauptstadt der Woiwodschaft Niederschlesien (Dolny Śląsk) und mit seinen 640.000 Einwohnern die viertgrößte Stadt Polens. Die Stadt blickt auf eine über tausendjährige Geschichte zurück.

Nach dem Tod des letzten Piastenherzogs Heinrich VI. gehörte Breslau zu Böhmen, zeitweise auch zu Ungarn, später zu Österreich, zu Preußen und schließlich zum Deutschen Reich. Im Jahr 1945 wurde Breslau gemäß dem Potsdamer Abkommen unter polnische Verwaltung gestellt.

Breslau ist heute eine junge Stadt mit einem hohen Studentenanteil von 25 bis 30 Prozent. 2016 war sie Europäische Kulturhauptstadt, 2018 erhielt sie den Titel „European Best Destination". Die Stadt wird häufig mit Venedig verglichen. Neben zwölf Inseln gibt es weit über 120 Brücken und die

Oder (Odra) fließt wie eine Lebensader durch die Stadt.

Breslau wurde erstmals im Jahr 1000 erwähnt. In diesem Jahr wurde das Bistum um Breslau von Otto III. und Bolesław Chobry unter dem ersten Namen der Stadt gegründet: Vratislavia. Boleslaw war 992 Herzog von Polen und ab 1025 als Boleslaw I. der erste König von Polen.

Ein Großteil der Stadt fiel der Zerstörung im Zweiten Weltkrieg zum Opfer. Dennoch finden sich Spuren aus allen Jahrhunderten - Kirchen aus dem 13. Jahrhundert, Schlösser aus der Mitte des Jahrtausends, moderne Gebäude aus dem frühen 20. Jahrhundert, Wohnblöcke aus den kommunistischen Zeiten Polens, Bausünden aus den 90er Jahren oder moderne Glasfassaden.

Wir wohnen im Hotel Piast in der Marszałka Józefa Piłsudskiego 98.

Schräg gegenüber befindet sich der Hauptbahnhof. Er wurde vor

der Fußball - EM 2012 saniert und die Fassade erneuert. Das Bahnhofsgebäude entstand in den Jahren 1855-1857 nach einem Projekt von Willhelm Grapow. In der zweihundert Meter langen verglasten Halle gab es einen Bahnsteig und einen Verkaufs- und Informationspunkt für Reisende. In den Jahren

1899-1904 wurde er modernisiert und erweitert.

Wir wollen die Stadt erkunden und treffen als erstes an der Ecke ul. Swidnicka/ ul. Pilsudskiego auf Menschen, die

in der Erde verschwinden und auf der anderen

Straßenseite wieder hervorsteigen - ein beein-

druckendes Kunstwerk von Jerzy Kalina aus dem Jahr 1977 mit dem Titel Passage oder auch das Denkmal des Anonymen

Passanten (Pomnik Anonimowego Przechodnia). Es wurde erst 2005 enthüllt. Die Gestalten tragen jedoch Kleidung aus den 70er Jahren.

Es soll an die Zeit nach dem 13. Dezember 1981 erinnern, an den Tag, an dem der Regierungschef Jaruzelski das Kriegsrecht ausrief. Es folgten Jahre der Unterdrückung und des Freiheitskampfes im Untergrund. Die Gewerkschaft Solidarność wurde verboten, Gewerkschaftsführer sowie Oppositionelle zusammengeschlagen, inhaftiert oder sogar getötet. Letztendlich konnte sich die polnische Gesellschaft als erstes Ostblockland vom kommunistischen Regime befreien.

An fast jeder Straßenecke treffen wir aber

auch auf emsige Zwerge, mehr als sieben sind es allemal. In Breslau soll es bereits rund 700 von ihnen geben. Die Bronzefiguren gibt es seit 2001, als in der ul. Świdnicka mit Papa Zwerg der erste auftauchte. Die Breslauer Zwerge sind als Zeichen von stillem Protest einer antikommunistischen Studentenbewegung, der orangenen Alternative, entstanden. Anfangs sprühte man Graffitis von Zwergen an die Wände, die die Regierung aufgrund antikommunistischer Parolen wieder hat weiß überstreichen lassen. So wurde der Zwerg ein Teil als auch das Symbol dieser Bewegung. Polen wurde Anfang der 90er Jahre unabhängig. 2001 kamen die über mehr als zehn Jahre in Vergessenheit geratenen Zwerge zurück. Die Stadt Breslau hatte beschlossen, die politische Gruppierung „Orange Alternative" mit einer Skulptur zu ehren. An dem ehemaligen Versammlungsplatz an der Ecke Swidnicka und Kazimierza Wielkiego Stra-

ße wurde Papa Zwerg (Papa Krasnal) aufgestellt. 2005 kamen fünf weitere Zwerge des Künstlers Tomasz Moczek hinzu. Seitdem vermehren sich die Zwerge in Breslau unaufhaltsam. Zwergenjagd als Touristenattraktion. Sowohl mittelständige als auch große Unternehmen finanzieren diese Zwerge. Eine Bronzestatue vor dem eigenen Geschäft ist quasi ein Statussymbol. Jede Statue hat einen Namen sowie eine eigene Persönlichkeit. So stellen sie einen Be-

ruf oder einen Aspekt täglichen Lebens dar. Sie arbeiten, essen, trinken, vergnügen sich.

Eine Karte, auf der der Standort aller Zwerge verzeichne ist, kann man sogar in jedem Tourismus Informationscenter in Breslau käuflich erwerben.

Trifft man in Reykjavik (Island), in Hradec Kralove (Tschechische Republik), in Vilnius (Litauen), in Washington D.C. (USA), in Guadalajara (Mexiko) oder in Dresden (Deutschland) auf so einen bronzenen Gesellen, ist es sicherlich das Gastgeschenk Breslaus an eine langjährige Partnerstadt.

Wir folgen der Swid-

nicka und laufen Richtung Altstadt. Rechterhand steht ein Denkmal von Boleslaw Chobry. Hier beginnt der Kopernikuspark (Park Mikolajy Kopernika). Auf der linken Straßenseite folgt

die Oper, eines der größten und bedeutendsten Opernhäuser Polens. Eröffnet wurde die Oper nach zweijähriger Bauzeit im November 1841 und in der Folgezeit mehrmals umgebaut.

Nicht weit entfernt treffen wir in der Swidnicka auf zwei eifrige Zwerge, die Syzyfki genannt werden. Sie sind sehr beschäftigt. Es heißt, sie wollten der Stadt bei der Stadtsanierung helfen. Granitkugeln sollten in der ulica Świdnicka platziert

werden. Teamwork sieht anders aus. Während der eine Zwerg die Kugel vor sich herschiebt, stemmt der andere sich auf der anderen Seite dagegen, um sie die Straße hinunterzurollen. Sie scheinen mit ihrer Arbeit zufrieden zu sein.

Nach ein paar Schritten

erreichen wir den großen Marktplatz.

Gotische Kirchen, barocke Paläste, reich ver-

zierte Jugendstilhäuser, enge Gassen und viel Gastronomie prägen das Bild der historischen Altstadt Breslaus, der Stare Miasto. Das Wahrzeichen der Stadt, der mittelalterliche Breslauer Marktplatz (Rynek), ist einer der schönsten und größten Marktplätze Eu-

ropas. Rynek bedeutet der Große Ring oder einfach der Ring. Er ist rechteckig angelegt, 213 Meter lang und 178 Meter breit, beträgt beinahe 3,8 Hektar und gehört zu den größten ehemaligen Handelsplätzen in Polen. Größere Marktplätze findet man nur in

Kraków und Olecko. 60 Häuser umgeben ihn von vier Seiten. Elf Straßen gehen vom Rynek ab. Der Ring entstand bei der Neugründung der Stadt nach dem Magdeburger Recht zwischen 1214 und 1232, wahrscheinlich zeitgleich mit dem weiter östlich gelegenen Neumarkt. Mit Bau des Rathauses und der Ansiedlung von Handelseinrichtungen gewann der Ring gegenüber dem Neumarkt. Im 14. Jahrhundert entstanden die ersten Patrizierhäuser mit Spitzdach. Im 15. und 16. Jahrhundert wurden die Fronten im Renaissance-Stil umgestaltet. Zwischen dem 19. und 20. Jahrhundert wurde im Jugendstil gebaut. Sein gegenwärtiges Aussehen verdankt der Rynek seinem Umbau Mitte des 19. Jahrhunderts. Damals wurden über die Hälfte der kleinen mittelalterlichen Gebäude abgerissen und an ihrer Stelle neue, der gestiegenen Bedeutung des Handelsplatzes angemessenere, prächtigere Häuser errichtet.

Im Zweiten Weltkrieg wurden rund 60 Prozent der Bausubstanz des Ringes beschädigt. 17 Häuser blieben weitestgehend erhalten. Nach Kriegsende konnten 24 Häuser rekonstruiert, 11 umgebaut und 13 wieder instand gesetzt werden. Heute gibt es 60 nummerierte Grundstücke. Manche Gebäude nehmen mehrere Parzellen ein. Jedes Grundstück hat einen traditionellen Namen, der meist mit dem auf der Fassade sichtbaren Wappen verknüpft ist oder auf die Geschichte des Hauses zurückzuführen ist. Dazu zählen vier an der Westseite liegenden Häuser „Zur Goldenen Sonne", „Unter den Greifen", „Zu den sieben Kurfürsten", „Zur Blauen Sonne" sowie das Warenhaus der Gebrüder Barasch (heute Geschäftshaus Feniks) an der Ostseite.

Das Haus „Zur Goldenen Sonne" am Breslau-

er Ring (Nr. 6) zählt zu den schönsten und am besten erhaltenen Barockgebäuden in Breslau. Erstmals urkundlich erwähnt wurde es im 16. Jahrhundert. Die aktuelle Fassade stammt aus dem Jahr 1727. Das Haus ist geschichtsträchtig. Hier übernachteten in früheren Zeiten u.a. der König von Ungarn und Böhmen Ladislaus Jagiello II. und der Habsburger Kaiser Leopold II. Vom Balkon aus wurde im Jahr 1742 das Ende des Ersten Schlesischen Krieges verkündet. In dem Saal im ersten Stock des Gebäudes unterzeichneten Österreich und Preußen ihren Friedensvertrag. Das Gebäude überstand den Zweiten Weltkrieg unversehrt.

Das Haus „Unter den

Greifen", auch „Greifenhaus", ist das größte

Haus am Breslauer Ring (Nr. 2). Einer der ersten Eigentümer waren Hans von Poppelau († 1544), der Gründer einer knapp 100 Jahre währenden familiären Handelsgesellschaft, und Konrad von Költsch († 1620), ein Kaufmann aus dem belgischen Brügge, der mit Leder und Pelzen handelte. Die aktuelle Fassade stammt aus den Jahren zwischen 1587 und 1589. Den Zweiten Weltkrieg überstand das Haus fast unbeschadet. Das stadtbekannte Café Pod Gryfami (dt. „Unter den Greifen") bietet sich für eine Pause an.

Im Haus „Zur Blauen

Sonne" (Kamienica Pod Błękitnym Słońcem) (Nr. 7) wurden schon im 16. Jahrhundert Gäste bewirtet. Die heutige Fassade stammt aus dem Jahr 1902. 1997 wurde das Gebäude aufwendig saniert.

Die Ursprünge des Hauses „Zu den Sieben

Kurfürsten" (Kamienica pod Siedmioma Elektorami) reichen bis in das 13. Jahrhundert zurück. Der italienischen Künstler Giacomo Scianzi gestaltete 1672 die Fassade. Eigentümer des Gebäudes waren unter anderem die schlesischen Fürsten von Hochberg. Das Haus überstand den Zweiten Weltkrieg unbeschadet.

Das ehemalige Warenhaus der Gebrüder Barasch, eines der modernsten und größten Kaufhäuser in Breslau zu damaliger Zeit, steht an der Ostseite des Ringes (Großer Ring 31–32). Es wurde von 1902 bis 1904 im Auftrag der jüdischen Kaufmannsfamilie Barasch erbaut und am 4. Oktober 1904 eröffnet. Unter nationalsozialistischer Gewaltherrschaft mussten sie unter Wert zwangsweise verkaufen und das Land verlassen. Im Zweiten Weltkrieg wurde das Haus schwer beschädigt und erst 1965 als „Spółdzielczy Dom Handlowy Feniks" wiedereröffnet. Es steht unter Denkmalschutz.

Zur Geschichte des Warenhauses: Die Brüder Artur und Georg Barasch waren zusammen mit Hermann Broder, Sylfriede Tietz, Gertrud Tietz, Karl Lange und Kurt Steinberg(er) anteilig Eigentümer des Geschäftshauses und des Grundstücks Ring 31/32; Hintermarkt 1; Schuhbrücke 75/76. Alle Eigentümer galten laut dem 1935 erlassenen Reichsbürgergesetz als Juden. Am 19. Oktober 1936 waren sie gezwungen ihre Geschäftsanteile am Warenhaus samt Warenlager für insgesamt 517.028,47 Reichsmark an die Kaufleute und ehemaligen Mitarbeiter des Karstadt-Konzerns Heinrich Münstermann aus Göttingen und Gustav Haedecke aus Stettin zu veräußern. Der Schätzwert betrug laut Bilanz vom 30. Oktober 1936 über 1.200.000 Reichsmark. Münstermann und Haedecke übernahmen jeweils zur Hälfte die Anteile. Das Warenhaus wurde nach der Übereignung am 2. November 1936 „Münstermann & Haedecke, Das Kaufhaus am Ring Breslau GmbH" genannt.

Nach und nach erwarben Münstermann und Haedecke auch 90 Prozent des Geschäftsgrundstücks, das mit 1.500.000 Reichsmark bewertet wurde und den jüdischen Besitzern als Anteilsgemeinschaft ge-

hört hatte. Die meisten ehemaligen Eigentümer konnten rechtzeitig emigrieren. Artur Barasch gelang es nicht. Er wurde ins KZ Auschwitz-Birkenau deportiert und dort am 6. November 1942 ermordet. Nach der Auswanderung wurden die Anteilseigner ausgebürgert. Ihre Vermögenswerte samt Forderungen fielen an die Käufer, die die noch zu zahlende Restkaufschuld für das Grundstück nun auch noch mit angeblich zu viel gezahlten Beträgen verrechnen wollten. Diesem Anliegen stimmte das Oberfinanzpräsidium im April 1943 zu, so dass Münstermann und Haedecke nur noch 112.547,12 Reichsmark zu zahlen hatten. Letztendlich erwarben sie 1936 das Warenhaus für weniger als die Hälfte des Schätzwertes.

Das spätgotische Rathaus (Stary Ratusz we Wrocławiu) mit seinem

66 Meter hohen Turm ist eines der Wahrzeichen der Stadt. Es steht an

der südöstlichen Ecke des Großen Rings. Heute wird hier nicht mehr getagt, sondern man begibt sich im Museum auf Spurensuche in die Vergangenheit oder man speist im Kellergewölbe in einem der ältesten Gastronomielokale Europas, dem Schweidnitzer Keller (Piwnica Świdnicka). „Wer nicht im Schweidnitzer Keller war, ist nicht in Breslau gewesen", lautet ein alter Breslauer Spruch. Urkundlich wurde der Ratskeller erstmals im Jahr 1303 erwähnt. Schon im frühen Mittelalter schenkte der Wirt hier Bier aus. Im Jahr 1519 wurde im Hof eines Bürgerhauses gegenüber der Bierstube eine Brauerei eröffnet, die durch einen bis heute existierenden unterirdischen Tunnel mit dem Kellerlokal verbunden war.

Eine Windmühle - eher eine Bar - steht vor dem

Rathaus und wartet auf durstige Touristen.

Errichtet wurde das

Rathaus im 13. Jahrhundert. Sein heutiges Aussehen verdankt es einem Umbau zwischen 1470 und 1510. Die Südfassade wurde 1871 mit neugotischen Steinmetzarbeiten verziert. An der Westseite hingegen ist das Portal aus dem Jahr 1357 erhalten. Es führt in den Gerichtssaal. Die Urteile des Voigtgerichts wurden vom Balkon eines kleinen Erkers an der Ostseite des Rathauses verkündet. Der prächtige gotische Hauptgiebel

und die astronomische Uhr von 1580 an der Ostfassade ziehen jedoch eher die Blicke der

Besucher auf sich. Die altägyptischen Zeichen an den Ecken der Uhr wurden 1939 nachträglich angebracht. Sie symbolisieren die vier Jahreszeiten.

Das alte Rathaus gehört zu den wenigen Gebäuden, die den Zweiten Weltkrieg fast unversehrt überstanden haben. Der 1988 rekonstruierte Pranger von 1492 steht vor dem Ostgiebel.

Einst befand sich vor dem Rathaus ein Denkmal von Friedrich Wilhelm III. Seit 1956 steht genau an dieser Stelle das aus Lemberg evakuierte und in Warschau zwischengelagerte Denkmal des polnischen Dramatikers Aleksander Graf Fredo (1793-1876).

Fredo gilt als einer der besten Komödienautoren seines Landes und wurde oft mit Molière, dem berühmten französischen Komödiendichter, verglichen.

2000 errichtete man auf dem Taubenplatz, im westlichen Bereich des Ryneks, einen Wasserbrunnen, der nach dem damaligen Stadtpräsidenten Bogdan Zdrojewski einfach „Zdrój" genannt wird.

Die drei, der Pranger, das Fredo-Denkmal und der Wasserbrunnen gehören zu den beliebtesten Treffpunkten auf dem Rynek.

Liegestühle locken. In

einem gekennzeichneten Areal legen wir eine Pau

se ein. Der Plaza Beach Club macht Werbung.

Immer wieder kreuzen Zwerge unseren Weg.

Wir sind auf der Suche nach dem künstlichen Fenster. Scheinfenster haben eine Tradition, die bis in die Barockzeit zurückreicht. Der Maler versuchte das Bild derart mit dem Original zu verschmelzen, dass es dem Betrachter nicht auffiel. Heutzutage wendet man die Technik an, wenn aus technischen Gründen, wie Änderung der Raumaufteilung, ein Fenster entfernt werden muss.

Nun, es gibt ein aufgemaltes Fenster an dem Gebäude Rynek 5, das dritte Haus links neben dem Greifenhaus, bzw. das erste rechts von der Goldenen Sonne aus gesehen. Welches mag es sein? Bei Dunkelheit, wenn in anderen Räumen das Licht angeht, ist die Identifizierung einfacher.

In der nordwestlichen Ecke des Rynek steht die St. Elisabethkirche, eine der ältesten und größten der Stadt. Die Kirche wurde Anfang des 14. Jahrhunderts gebaut. 1525 war sie die erste

protestantische Kirche in Schlesien. 1946, nach dem Zweiten Weltkrieg, wurde sie wieder katholisch und zur Garnisonskirche in Wrocław erklärt. Von dem über 90 Meter hohen Turm bietet sich ein atemberaubender Ausblick auf den Marktplatz und Umgebung.

Vor der Kirche stehen zwei durch ein Bogentor verbundene Häuser, genannt Hänsel und Gretel (Jaś i Małgosia), ebenfalls ein beliebter Treffpunkt. Im Mittelalter wohnten hier die Altaristen, diejenigen, die sich um den Altar der Kirche kümmerten. Früher umgab ein geschlossener Kranz derartiger Häuser die Elisabethkirche. Wir bleiben jetzt auf dem Rynek und suchen uns ein gemütliches Restaurant - nein, nicht den Schweidnitzer Keller. Das Angebot ist groß. Bernd ist von einem prallen Weibsbild

fasziniert, leider ist der Lockvogel aus Holz. Wir

sitzen draußen, genießen kühles, frisch gezapftes Bier, lassen uns

das dazu passende deftige Essen schmecken und beobachten das

bunte Treiben. Den besten Aus- und Überblick hat man von oben. Ein Wagemutiger sitzt oben gemütlich in einem Giebelfenster.

Auf dem Rynek ist

immer etwas los. Heute Abend können wir einen

Feuerschlucker bewundern. Stehen Feierlichkeiten an, sei es militärischer, religiöser oder akademischer Art, finden sie hier statt. Der Weihnachtsmarkt zieht viele Besucher an und Sylvester verabschiedet man hier das Jahr. Es ist zwar nicht Sylvester, aber ein Feuerwerk erleben wir

sogar auch noch.

Wir verabschieden uns für heute vom Rynek und laufen zum Hotel zurück. Der Bahnhof ge-

genüber erstrahlt im Licht.

Nach dem Frühstück ist unser erstes Ziel das Viertel der gegenseitigen Achtung oder auch „Vier Tempel Viertel" genannt. Es wird von den Strassen Kazimierza Wielkiego, Św. Mikołaja, Pawła Włodkowica und Św. Antoniego umschlossen. Am Eingang des Viertels, an der Kreuzung der ul. św. Antoniego und der ul. Kazimierza Wielkiego, steht eine etwa zwei Meter große Skulptur von Ewa

Rossano, ein Mädchen in einem Kleid, das an eine Erdkugel erinnert. Sie

soll die Einheit der Welt trotz religiöser und kultureller Unterschiede symbolisieren.Die Skulptur ist auch unter dem Namen „Planeta" bzw. „Kristallplanet" bekannt.

Die vier Sakralbauten, die dem Bezirk seinen Namen gaben, sind die „Evangelische Kirche der göttlichen Vorsehung", die Kathedrale der orthodoxen Diözese Breslau-Stettin, die römisch-katholische Kirche St. Antonius und die Synagoge zum weißen Storch. Die Kathedrale der orthodoxen Diözese Breslau-Stettin stammt aus dem 16. Jahrhundert Sie war von 1525 bis 1945 evangelisch (ehemals Barbarakirche),1945 wurde sie katholisch und ist nun seit 1963 ein orthodoxes Gotteshaus. Die Synagoge zum weißen Storch aus dem Jahre 1829 ist die einzige, die den Krieg überlebt hat. Sie stehen in unmittelbarer Nähe zueinander und der Fussweg ist niemals länger als fünf Minuten - ein Zeichen der multikulturellen Geschichte Breslaus. Hier lebten Deutsche, Böhmen, Polen, Juden und Österreicher in der Regel friedlich zusammen.

Das Vier Tempel Viertel zieht nicht nur tagsüber Besucher an, nachts pulsiert hier das Leben. Das Viertel mit seinen Bars, Kneipen, Restaurants sowie Clubs gilt als ein

Hotspot des Breslauer Nachtlebens und ist auch nur fünf Minuten vom Marktplatz entfernt.

Zunächst überqueren wir den deutlich kleineren, aber ebenfalls sehenswerten Salzring, den Plac Solny. Er grenzt an die südwestliche Ecke des Großen Rings. Im Mittelalter wurde auf diesem Platz mit Salz gehandelt, heutzutage handelt man mit Blumen. Der Blumenmarkt ist rund um die Uhr geöffnet. Erstmals wurde dieser Platz 1242 als Polnischer Markt bzw. Salzplatz erwähnt. Zwischen 1827 und 1945 hieß er Blücherplatz nach dem preußischen Generalfeldmarschall Gebhard Leberecht von Blücher. Das 1827 aufgestellte Blücher Denkmal wurde 1945 abgerissen. Bis 1961 hat man die meisten der im Krieg zerstörten Häuser wieder aufgebaut.

An der Fassade eines Hauses sitzt eine große

Fliege. Ein Krokodil lauert nicht weit entfernt.

Wir halten uns zunächst Richtung Universität. Vor der Tętno Art Gallery in der ul. Jatki (deutsch Blutbad), in dem Viertel der alten Schlachtbänke,

stehen fünf bronzene Tierfiguren – ein Kalb, eine Ziege, ein Schwein, ein Hahn, eine Gans mit einem Ei und ein Kaninchen – ein Denkmal zu Ehren und zum Gedenken an die Schlachttiere. Seit dem Mittelalter war es die Straße der Metzger. In den Galerien geht es heute unblutiger zu.

Nicht weit entfernt von den alten Schlachtbänken liegt die Universität Breslau. Ihr Hauptgebäude markiert den Eingang zur Altstadt aus nördlicher Richtung. Das blaue Haupttor der Uni-

versität ist allein schon sehenswert. Die Universität wurde ursprünglich am 21. Oktober 1702 als Jesuitenkolleg mit dem Namen Universitas Leopoldina gegründet. 1811 wurde sie mit der Brandenburgischen Universität Frankfurt zur Königlichen Universität zu Breslau (Universitas litterarum Vratislaviensis) zusammengelegt. Diese deutsche Universität löste man 1945 wieder auf und gründete in den kriegsbedingt stark zerstörten Gebäuden nun die polnische Universität Uniwersytet Wrocławski. Hightlights im dazugehörigen Universitätsmuseum sind der mathematische Turm, die Aula

Leopoldina, einer der imposantesten Barocksäle Polens und das Oratorium Marianum, ein beeindruckender Festsaal Der mathematische Turm war einer von drei geplanten Türmen, der während des Baus des Universitätshauptgebäudes in den Jahren 1728 bis 1737 entstand. Von der Turmterrasse auf 42 Meter Höhe kann man auf die im Sommer sehr beliebte Słodowa-Insel sowie die Altstadt blicken. Die Skulpturen auf dem Turm stellen sinnbildlich die vier Wissenschaften dar. Nun überqueren wir die Oder über die Most Piaskowy (Sandbrücke).

Via der ehedem mit Liebesschlössern bela-

denen Dombrücke, der Most Tumski, gelangen wir nun auf die Dominsel (Ostrów Tumski). Künftig soll es an der Dombrü-

cke keine Liebesbeweise mehr geben. Die Brücke wurde unterdessen renoviert und musste zunächst von ihrer tonnenschweren Last befreit werden. Im Laufe der letzten 25 Jahre war die Zahl der Liebesschlösser auf mehrere Tausend angewachsen. Sie begannen zu rosten und übertrugen die Korrosion auf die Geländer. Sämtliche Metallteile mussten neu gestrichen und der Gehweg erneuert werden. Diskutiert wurde, die abmontierten Schlösser einzuschmelzen und als Liebesskulptur, vielleicht als Zwerg, ihrer ursprünglichen Bestimmung wieder zuzuführen. Neue Liebesschlösser erlaubt die Stadt nicht mehr.

Die Breslauer Dominsel war die historische Keimzelle der Stadt. Anfangs gab es hier nur einen slawischen Burgwall, später eine Burg und ab dem Jahr 1000 das Bistum Breslau. Heute ist die Dominsel keine echte Insel mehr, denn im 19. Jahrhundert wurde der nördliche Arm der Oder zugeschüttet und nur noch in Richtung Süden ist das Wasser der Oder sichtbar.

Der größte Teil der Dominsel gehört heute der Kirche und ist für den regulären Autoverkehr gesperrt. Die Dombrücke markierte ursprünglich den Beginn der Gerichtsbarkeit der kirchlichen Behörden. Wer aus der Stadt flüchten musste und es bis auf die Brücke schaffte, entging der weltlichen Gerichtsbarkeit. So war

es in früheren Zeiten.

Zu den bekanntesten Bauten auf der Dominsel gehören der Breslauer

Dom und die Kirchen St. Ägidius, St. Maria auf dem Sande auf der heutigen Sandinsel, St. Peter und Paul, die Martinskirche und die Kreuzkirche, an der der berühmte Astronom Nikolaus Kopernikus Kanoniker und Scholastiker war. Sein Denkmal steht im Nikolaus Kopernikus Park. Es wurde 1974, ein Jahr nach seiem 500. Geburtstag, enthüllt.

Der zwischen 1244 und 1341 im gotischen Stil erbaute Breslauer Dom ist eines der Wahrzeichen der Stadt. Seine zwei 98 Meter hohen Türme sind von weit her sichtbar. Wer mag, kann mit einem Aufzug zu einer Aussichtsplattform hinauf fahren und dort den weiten Blick genießen. Während der Messezeiten kann die Kirche nicht besichtigt werden.

Rund um die Dominsel stehen alte Gaslaternen, die bei Dunkelheit die Straßen beleuchten. Jeden Tag werden sie bei Sonnenuntergang nach alter Tradition von Hand von einem „Latarnik", einem in ein schwarzes Gewand gekleideten Laternenanzünder, mit einer Butangas-Stange angezündet und bei Sonnenaufgang wieder gelöscht. Dies ist fast einmalig in der Europäischen Union, nur in Zagreb soll es auch noch einen aktiven Laternenanzünder geben. Wir sind leider zu einer falschen Uhrzeit hier.

Uns steht der Sinn nach einer Pause und einem kleinen Mittagessen. Wir wollen in eine

Milchbar (Bar Mleczny). Früher gab es hier nur fleischlose Gerichte. Als 1896 in Warschau die erste „Bar Mleczny" eröffnete, wurden tatsächlich ausschließlich preiswerte Speisen aus Milch, Mehl und Eiern angeboten. Und das blieb auch fast 100 Jahre so. Fleischgerichte kamen in den Milchbars erst nach der Wende 1989 auf den Tisch. Ihre große Zeit hatten die Bars im Sozialismus, damals gab es rund 40.000 davon. Sie wurden staatlich unterstützt. Heute gibt es in Polen noch rund 150. Bar Mleczny steht immer noch in Polen für preiswertes Essen, ein Restaurant im Kantinenstil mit einfachen Speisen für den kleinen Geldbeutel. Ein Essen kostet rund drei Euro. Früher wurden die Milchbars vor allem von armen Personen frequentiert, heute trifft man Junge und Alte, Erfolgreiche und Arme, Normalos und Hipster und natürlich Touristen - Milchbars sind eine Attraktion. Wenn man der Sprache nicht mächtig ist, kann es Überraschungen geben. Bernd bestellt und bekommt drei Teller, der jeweils eine andere Variante einer Kartoffelzubereitung enthält - sonst nichts. Wir hätten mehr auf die Mimik der Dame in der Essensausgabe achten sollen. Meine leckeren Quark - Kartoffelklöße mit Fruchtkompott schmecken Bernd zudem noch am besten. Satt sind wir geworden.

Auf unserem Weg liegt jetzt die Markthalle (Hala Targowa). Sie wurde zwischen 1906 und 1908 als Stahlbetonkonstruktion an der heutigen Ulica Piaskowa 17 (*Sandstraße*) erbaut, nur wenige Gehminuten von Rynek entfernt.

Zuvor fand der Markt auf dem Neumarkt (Plac Nowy Targ) statt. Im Zweiten Weltkrieg wurde die Halle stark beschädigt und nach dem Krieg zunächst nur provisorisch wieder hergerichtet. Erst zwischen 1980 und 1983 restaurierte man sie. Rund 200 Geschäfte verteilen sich

auf zwei Ebenen – Fleischereien, Gemüsehändler, Cafés, Blumenverkäufer sowie Kleidung, eigentlich alles, was zum täglichen Bedarf gehört. Im Eingangsbereich auf der rechten Seite befindet sich auch eine kleine Milchbar. Die Markthalle ist außer sonntags von 8:00 bis 18:30 Uhr geöffnet.

Das Muzeum Panorama Racławice (Jana Ewangelisty Purkyniego 11) zeigt nur ein einziges Bild, das 360° Panoramabild „Die Schlacht von Racławice", den Sieg über die russische Armee von Racławice unter Führung des polnischen Generals Tadeusz Kościuszko. Das Gemälde ist riesig (15 Meter mal 114 Meter). Das Bild entstand nach nur neun Monaten und wurde anlässlich des 100. Jahrestages der Schlacht am 5. Juni 1894 im Rahmen einer Nationalausstellung in Lwów (Lemberg) erstmals präsentiert. Dort war es lange Zeit ein touristischer Höhepunkt. Nach dem Krieg wurde es 1946 heimlich zerlegt, nach Breslau gebracht und dort zunächst versteckt, denn das Gemälde zeigt eine Niederlage Russlands. Die Bauarbeiten zu dem neuen Museumsgebäude, ein beeindruckender Rundbau, begannen 1968 und endeten erst in den 1980er Jahren. Aus politischen und finanziellen Gründen hatten sich die Bauarbeiten verzögert. Die offizielle Eröffnung erfolgte am 14. Juni 1985. Seitdem ist dieses Museum eines der meistbesuchten in Polen.

Steht etwa hinter dem großen Einkaufszentrum „Galeria Dominikańsa" Pippi Langstrumpf? Ob

Astrid Lindgren Breslau kannte, wissen wir nicht.

Nein, es ist nicht Pippi Langstrumpf, sondern Wrocławianka (Plaza dominiķanski 3, Olawaska). Eine gewisse Ähnlichkeit lässt sich nicht bestreiten. Die etwa zwei Meter große bronzene Mädchen-Figur hat abstehende geflochtene Zöpfe. Sie lächelte verschmitzt. Laut ihrem Schöpfer steht sie für die Personifikation des weiblichen Elements der Stadt - Jugend, Dynamik, Bescheidenheit und Koketterie.

Wir folgen der schmaler werdenen Olawaska und treffen auf eine andere hübsche Skulptur, ein Denkmal für

Fryderyk Chopin von den Bürgern von Breslau aus dem Jahr 2010 (Pomnik Fryderykowi Chopinowi Wrocławianie 2010).

Der Marktplatz liegt wieder vor uns. Wir biegen zunächst nach rechts in die ul. Szweska und besuchen die Magdalenenkirche.

Die Kathedrale Heilige Maria Magdalena gehört ebenfalls zu den ältesten Kirchen der Stadt. In ihrer heutigen gotischen Form als dreischiffige Basilika aus Backstein entstand sie in den Jahren 1355 bis 1360 und war damals die Hauptkirche der Stadt. Die Türme wurden erst später vollendet. Am 25. Oktober 1523 feierte der protestantische Geistliche Johann Hess in der Kirche den ersten lutherischen Gottesdienst in Breslau. Bis 1945 gehörte die Kirche der evangelischen Gemeinde. 1945 wurde die Kirche in der Schlacht um Breslau stark beschädigt. Im Oktober 1946 begann der allmähliche Wiederaufbau, der sich bis 1972 hinzog. Die Turmhelme wurden nicht wiederaufgebaut und der Innenraum nur teilweise rekonstruiert. Heute ist sie die Kathedralkirche der altkatholischen Diözese Breslau.

Ursprünglich waren die beiden Türme über eine Arkade verbunden, die als „Brücke der Büßerinnen" oder auch als „Hexenbrücke" (Most Pokutnic) bezeichnet wurde. Man sagte damals, es sei die höchste Brücke Schlesiens. Sie liegt rund 50 Meter über dem Boden. Der Legende nach spukt es auf der Brücke. Es heißt, es seien die Seelen junger, flatterhafter Mädchen, die, anstatt frühzeitig gesittet zu heiraten, lieber feierten, statt sich den häuslichen Pflichten wie dem Kochen oder Putzen zu widmen. Auf

dem Nordturm in 45 Meter Höhe ist heute eine Aussichtsplattform.

Den Abend beschließen wir wieder auf dem

Rynek, ein letztes Bier im Vier Religionen Viertel und dann geht es in unser Hotel zurück.

Die Jahrhunderthalle (Hala Stulecia) steht im Zentrum des Breslauer Messegeländes. Einen Besuch hat unser Zeitplan nicht mehr erlaubt. Die Halle ist seit 2006 UNESCO Weltkulturerbe. Sie wird heute für Messen, kulturelle Veranstaltungen und Sport-Events genutzt. In ihr befinden sich ungefähr 6.000 Sitzplätze und noch einmal 20.000 Stehplätze. Sie ist nicht nur Kulturdenkmal, sondern auch Zeitzeuge einer einzigartigen Architekturgeschichte. Der Architekt Max Berg hat sie entworfen. Durch die verwendeten neuen und innovativen Bautechniken, betrug die Bauzeit nur 15 Monate. Im Mai 1913 wurde sie eröffnet, damals das Gebäude mit der größten freischwebenden Stahlbeton Kuppel, ein absolutes Novum in der Architekturgeschichte. Der Dom ist 42 Meter hoch und der Durchmesser beträgt 65 Meter. Angeblich weigerten sich die Bauarbeiter bei Fertigstellung, die dem Schutz der Konstruktion dienende Verschalung zu entfernen, aus Angst, dass das Gebäude sofort kollabieren würde.

Verpasst haben wir auch die Wasser- und Lichtshows am Multimediabrunnen in der Nähe der Halle. In der Sommersaison von Mai bis September finden die Shows täglich meistens zur vollen Stunde statt. Das Musikgenre reicht von Klassik, über Pop und Rock bis hin zu Metal.

Route PLN 4 Danzig.
Danzig/Gdansk, ist die Hauptstadt der Woiwodschaft Pommern. Die Stadt blickt auf eine lange und sehr bewegte Geschichte zurück. Die Staatsangehörigkeit hat sich im Laufe der Jahrhunderte mehrfach geändert:

Um 970 bis 1050: Polen (rund 80 Jahre)

Um 1050 bis 1119: unabhängiges Fürstentum (etwa 70 Jahre)

1119 bis 1227: Polen (108 Jahre)

1227 bis 1294: unabhängiges Fürstentum (67 Jahre)

1294 bis 1308: Polen (14 Jahre)

1308 bis 1454: Deutscher Orden (146 Jahre)

1454 bis 1793: Polen (339 Jahre)

1793 bis 1807: Preußen (14 Jahre)

1807 bis 1814: Freistadt (7 Jahre)

1814 bis 1871: Preußen (57 Jahre)

1871 bis 1918: Deutsches Reich (47 Jahre)

1920 bis 1939: Freistadt (19 Jahre)

1939 bis 1945: Deutsches Reich (6 Jahre)

1945 bis heute: Polen

Eine wechselvolle Historie.

Die Weichselmündung in die Ostsee war Teil eines wichtigen Handelsweges der skandinavischen Wikinger (Waräger) bis in das Byzantinische Reich. Der älteste archäologische Fund im Stadtgebiet des heutigen Danzig ist das Fragment einer arabischen Münze von etwa 812/820, gefunden westlich der Altstadt in der ehemaligen Schützengasse (ul. Strzelnicka). Dort verlief von Süden nach Norden ein alter Handelsweg.

Um 970/ 990 kam das Gebiet unter das Regime

des polnischen Herrschers Mieszko I.

Um 1224/1227 verlieh Herzog Swantopolk II. von Danzig der Kaufmannssiedlung in Danzig das Stadtrecht nach lübischem Recht.

Zwischen 1308 und 1454 stand sie unter der Herrschaft des Deutschen Ordens. Nach der Eroberung Danzigs durch den Deutschen Orden stieg infolge der wirtschaftlichen Prosperität der Hansestadt die Zuwanderung Deutscher stark an. 1343 verlieh der Orden Danzig das Kulmer Recht, 1361 wurde Danzig Vollmitglied der Hanse. Es blieb bis zum letzten Hansetag im Jahr 1669 Mitglied der Hanse, die jedoch bereits seit dem Ende des 15. Jahrhunderts an Bedeutung verlor.

Nach der Schlacht bei Tannenberg (1410) stellte sich der Preußische Bund 1454 unter den Schutz der polnischen Krone.

Im Zweiten Frieden von Thorn verblieb 1466 dem Deutschen Orden das spätere Ostpreußen, jedoch ohne die Marienburg, Elbing und das Ermland. Die westlichen Teile des „Deutschordenstaates in Preußen" mit dem ehemaligen Herzogtum Pommerellen, Danzig, dem Kulmer- und Ermland und Thorn wurden dem König von Polen als Königliches Preußen unterstellt, wobei die Stadtrepubliken Danzig, Thorn und Elbing eine weitgehende politische, wirtschaftliche und kulturelle Autonomie erhielten.

Ab 1454 gehörte Danzig aus eigenem Willen zu Polen-Litauen und wickelte als Haupthafen bis zu 80 Prozent dessen Außenhandel ab. 1453 führte der Fall Konstantinopels an die osmanischen Türken zur Sperrung des Bosporus. Die Schwarzmeerhäfen verloren an Bedeutung. Getreide aus den südöstlichen Kornkammern Europas wurde nun noch mehr als zuvor weichselabwärts transportiert und musste qua Stapelprivileg (ius emporium) vor dem Export nach Skandinavien, England und in die Niederlande durch die Danziger Speicher.

Im Zuge der Zweiten Polnischen Teilung, mit der die Wiedervereinigung der Region mit Preußen einherging, fiel Danzig 1793 an das Königreich Preußen. Damit verlor die Stadt innerhalb der absoluten Monarchie der Hohenzollern ihren autonomen Status und ihre städtischen Freiheiten.

Im Preußisch-Französischen Krieg ergab sich Danzig am 25. Mai 1807 nach dreimonatiger Belagerung französischen Revolutionstruppen.

1813 ergaben sich die französischen und polnischen Besatzungstruppen nach elfmonatiger Belagerung einem russisch-preußischen Heer und Danzig fiel durch den Wiener Kongress 1815 an Preußen.

Aufgrund der Bestimmungen des Versailler Vertrags von 1919 wurde Danzig mit umliegenden Gebieten vom Deutschen Reich abgetrennt und bei gleichzeitiger Einrichtung des polnischen Zugangs zur Ostsee (Polnischer Korridor) am 15. November 1920 zu einem unabhängigen Staat, der Freien Stadt Danzig, erklärt. Dieser stand unter Aufsicht des Völkerbundes; polnische und britische Truppen gewährleisteten diesen neuen Status der Stadt. Da die Entscheidung ohne vorherige Volksabstimmung erfolgte, sahen das Deutsche Reich und viele der mehrheitlich deutschen Bewohner der Stadt das von dem US-Präsidenten

Woodrow Wilson in seinem damaligen 14 – Punkte – Programm entwickelte Selbstbestimmungsrecht der Völker verletzt.

Ende August 1939 erklärte sich der nationalsozialistische Gauleiter Danzigs, Albert Forster, zum Staatsoberhaupt und verfügte am 1. September 1939 völkerrechtswidrig, nachdem reichsdeutsche Streitkräfte das polnische Munitionsdepot auf der Westerplatte angegriffen hatten, den Anschluss Danzigs an das Deutsche Reich. Der deutsche Angriff auf die Westerplatte wird heute als Beginn des Zweiten Weltkriegs in Europa gesehen.

Nach der Annexion Danzigs durch das Deutsche Reich gehörte die Stadt mit den umliegenden Gemeinden zum Reichsgau Danzig-Westpreußen.

Am 11. Juli 1942 kam es zum ersten und schwersten der Luftangriffe auf Danzig. Den britischen Bombern fielen 89 Zivilisten zum Opfer. Ende März 1945 wurde Danzig von der Roten Armee und polnischen Militäreinheiten im Zuge der Schlacht um Ostpommern eingeschlossen sowie erobert. Durch die Kampfhandlungen wurden große Teile der Innenstadt (bestehend aus Rechtstadt, Altstadt, Vorstadt und Niederstadt) zerstört. Während und nach dem Einmarsch wurden die noch erhaltenen Häuser der Innenstadt von den sowjetischen Soldaten geplündert und in Brand gesteckt. In der Danziger Rechtstadt und der gesamten historischen Innenstadt gab es einen Verlust an Bausubstanz von etwa 90 Prozent. Später wurde die Stadt wieder hervorragend aufgebaut.

Nach Beendigung der

Kampfhandlungen des Zweiten Weltkriegs wurde die Danziger Region mit Ausnahme militärischer Sperrgebiete seitens der sowjetischen Besatzungsmacht der Volksrepublik Polen zur Verwaltung überlassen.

Mit den Streiks in den Danziger Werften begannen sowohl der Aufstand vom Dezember 1970 als auch die unter Führung von Lech Wałęsa sich ab August 1980 entwickelnde landesweite Gewerkschaftsbewegung Solidarność, die schließlich zum Zusammenbruch der Volksrepublik Polen und zur Errichtung der Dritten Polnischen Republik führte.

Auf der Fahrt nach Danzig durch eher landwirtschaftlich geprägte Regionen gibt es einen kräftigen Schauer. Gegen 16 Uhr kommen wir in Danzig an. Es ist warm, die Sonne scheint. Um zu unserem Hotel zu kommen, müssen wir den Bahnhof unterqueren. Keine einfache Angelegenheit mit Koffern und ohne Rolltreppen. Danach ist das Hotel problemlos zu finden - rund 20 Minuten brauchen wir. Zappio ist eher

ein Hostel. Zimmer im 4. Stock, eine ausgetretene Holztreppe, eher Wendeltreppe und natürlich kein Fahrstuhl. Wir bekommen Hilfe, ein starker Mitarbeiter trägt beide Koffer gleichzeitig hoch. Die Lage des Hotels ist ideal. Es liegt direkt außerhalb der Stadtmauern am Johannestor. Die Rechtstadt ist ein pures Open Air Museum und brechend

voll. Menschenmassen schieben sich durch die Straßen. Wir lassen uns zum Langen Markt treiben.

Danzig hat zwar einen Stadtteil namens Altstadt, spricht man von dem historischen Zentrum, ist jedoch zumeist die Rechtstadt (Główne Miasto) gemeint. Der Name leitet sich nicht von der Lage ab, sondern ergab sich aus einem Rechtstatus.

Insgesamt dreizehn Stadttore hat Danzig aufzubieten. Die bekanntesten sind wohl das Goldene und das Grüne Tor. Beide liegen am alten Königsweg.

Der lange Markt oder auch Langgasse genannt (Dlugi Targ) ist das Schmuckstück von Danzig. Während des Zweiten Weltkrieges wurde dieser Bereich vollkommen zerstört. Auch wenn die Häuser nur „vereinfacht" wieder aufgebaut

wurden, strahlen sie doch alten herrschaftlichen Glanz aus. Wir betreten die Langgasse durch das Grüne Tor (Brama Zielona), eines der bekanntesten der dreizehn Danziger Stadttore. Es ist das Stadttor zwischen dem Langen Markt, dessen östlichen Abschluss es bildet, und der Mottlau (Motława). Einst war das im Renaissance-Stil in den Jahren 1564-1568 erbau-

te Tor als königliche Residenz gedacht. Es liegt direkt am Schnittpunkt des königlichen Weges und des Langen Marktes. Es ersetzte damals das bescheidenere Koggen-Tor.

In einer Touristeninformation können wir einen Stadtplan mit deutschen Informationen für 10 Zloty (circa 2,50 Euro) erwerben. Umsonst gibt es hier nichts (Touristeninformation in Danzig: Długi Targ 28/29, Mai bis August täglich 9 bis 19 Uhr, sonst 9 bis 17 Uhr).

Wir beginnen unsere Fotosession am oberen Ende der Langgasse, am Hohen Tor. Im Rahmen der neuzeitlichen Befestigungen im 16./17. Jahr-

hundert entstand das Tor als Hauptpforte zur Stadt. Das bis heute erhaltene äußere Tor ist eines der schönsten der europäischen Renaissance. Die Seitentore dienten den Fußgängern, das mittlere den Kutschen und Wagen. Die Zugbrücke sowie das innere Tor wurden 1879 abgetragen.

Nun folgt das Vortor

des Goldenen Tores

(Stockturm und Pein-
kammer). Im zentralen
Dachreiter hing eine
Glocke, die die Tor-
schließung ankündigte.

Nach dem Bau des
Hohen Tores erhielt das

Vortor 1549 einen Stock
mit einem geschmückten

Giebel und eine Folter-
kammer (Peinkammer!).
Das Gefängnis bestand
bis 1858.

Ab 1346 betrat man die
Langgasse durch das
Langgasser Tor, das so-
genannte Goldene Tor.
Nach dem Bau der
neuzeitlichen Befesti-
gungen schuf Abraham
van den Blocke ein neu-
es Tor, das sogenannte

Goldene Tor. Auf der
Außenseite steht ge-
schrieben „Es MVSSE
WOL GEHEN DENEN DIE
DICH LIEBEN ES MVSSE
FRIEDE SEIN INWENDIG
IN DEINEN MAVREN VND
GLVCK IN DEINEN PA-
LÄSTEN", auf der Innen-
seite steht „DANK DER
EINTRACHT WACHSEN
KLEINE STAATEN, AN DER

ZWIETRACHT GEHEN GROSSE UNTER" - nun,

ein Segenswunsch und eine Mahnung. Die Wände des Tores sind mit stilisierten Obst- und Gemüse-, Tannenzapfen- und anderen niederländischen Motiven dekoriert. Das Wappen der Stadt Danzig schmückt den Bogen. Das Tor verdankt seinen Namen den vergoldeten, geschnitzten Details, die im Sonnenlicht glänzen.

1775 kaufte der Gdingener Kaufmann und Bibliophile Johann Uphagen das im 15. Jahrhundert errichtete Haus in der Langgasse 12 und sanierte es - so entstand das Uphagenhaus. Er

richtete eine Stiftung ein, die das Haus in unverändertem Zustand erhalten sollte. Dieses reiche Danziger Bürgerhaus aus dem 18. Jahrhundert ist das einzige Bürgerhaus in Polen und eines der wenigen in Europa, das Touristen zugänglich ist. Im Jahre 1911 wurde hier das erste Museum eröffnet. Nach der Zerstörung des Hauses und den Renovierungsarbeiten öffnete Ende der 90er hier wieder ein Zweig des Historischen Museums der Stadt Danzig seine Tore.

Das Rechtstädter Rathaus wurde zwischen 1379 und 1492 errichtet, seine Turmspitze misst

80 Meter. Das Rathaus war der Sitz der Verwal-

tung der Danziger Region, die seit dem 15. Jahrhundert Rechtstadt genannt wurde. Mit der

Entwicklung der Stadt wurde auch das Rathaus, in dem Bürgermeister, der Stadtrat sowie eine Art von Schöffengericht und ein Einspruch-Gericht tagten, ausgebaut. Im Jahre 1561 setzte man auf die Turmspitze eine vergoldete Säule des damaligen Königs von Polen, Sigismund August. Auch die Rathaussäle wurden gut und systematisch verschönert. Die repräsentativstenRäume sind die Säle im ersten Stock, der Große Ratssaal und der Große Weta-Saal. Der große Ratssaal stammt von Hans Vredeman de Vries, Izaak van den Blocke und Simon Herle. Die Decke schmücken 25 symbolische Bilder von Izaak van den Blocke. Die Renovierung des im Krieg völlig ausgebrannten Gebäudes dauerte bis 1970. Heute residiert auch hier das Historische Museum.

Der Neptunbrunnen,

der seit über 350 Jahren am Langen Markt vor dem Artushof neben dem Rathaus steht, ist neben dem Kran das wichtigste Symbol von Danzig. Der damalige Bürgermeister Bartholomäus Schachmann gab ihn in Auftrag, Abraham van den Blocke entwarf ihn und führte auch die Steinmetzarbeiten aus. Der Brunnen wurde im Jahre 1615 in Augsburg gegossen. Neptun symbolisiert die enge Verbindung zwischen Danzig und dem Meer. Während des Zweiten Weltkriegs gelang es, den Brunnen vor Zerstörung zu bewahren. Er wurde in Einzelteile zerlegt und die Teile an verschiedenen Stellen in der Umgebung von Danzig versteckt. Im Jahre 1954 stand er wieder am Langen Markt.

Eine Legende erzählt, dass Neptun sich über die Münzen ärgerte, die die Besucher ständig in den Brunnen warfen. Er zerschlug die Goldmünzen mit seinem Dreizack in winzige Goldflocken. Diese schmücken nun mit ihrem Glanz den Gewürzlikör Danziger Goldwasser.

Der Danziger Artushof (Dlugi Targ 44), wurde im 14. Jahrhundert mit finanzieller Unterstützung der St. George-Bruderschaft, eine der reichsten bürgerlichen Bruder-

schaften an der Ostsee-
küste, die von den Sagen
um König Artus inspiriert
war, errichtet. Nach ei-
nem Brand erhielt das
Gebäude 1477 seine heu-
tige Gestalt. Die Fassade
wurde von Abraham van
den Blocke umgebaut.
Ab 1742 war der Artushof
Sitz der ersten polni-
schen Börse. Heute um-
fasst der Artushof zwei
miteinander verbundene
Bürgerhäuser, die Altes
Haus und Ława-Haus ge-
nannt werden, und den
eigentlichen Artushof.
Sehenswert ist auf jeden
Fall der zwölf Meter
hohe Renaissance-Ka-
chelofen, der mit den
Porträts der damaligen
Herrscher Europas und
ihren Wappen bemalt
ist.

Die Malereien auf den
Kacheln stammen von
der Hand des Meisters
Jost. Das Artushaus be-
ziehungsweise der Ar-
tushof ist ebenso Teil
des historischen Mu-
seums der Stadt.

Auf einer Bank hält ein
mittelalterliches Paar

Hof. So richtig engagiert
wirken die beiden nicht.
Etwas später sehen wir
sie mit Handy in der
Hand und Bier- und Co-
ladose. Wie soll man
sich sonst heutzutage
die Langeweile vertrei-
ben? Derweil scheint der
Herr die Frau gewechselt

zu haben. Hält sich auch
hier die Begeisterung in
Grenzen?

Das Steffenshaus, das
sogenannte Speinmann-
sche oder Goldene Haus
(Dlugi Targ 41), wurde in

den Jahren 1609 bis 1619 von dem Danziger Bürgermeister Hans Speinmann gebaut. In den Zeiten der Hungersnot brachte dieser zweimal Getreide nach Italien. Der Papst verlieh ihm daraufhin den Titel eines Goldenen Ritters.

Der Entwurf des Hauses stammt auch von dem Danziger Architekten Abraham van den Blocke. Die meisten Figuren an der Fassade und zahlreiche Vergoldungen, denen das Haus seinen Namen verdankt, stammen von Hans Vogt aus Rostock. Oben stellen die Figuren die Kar-

dinaltugenden dar: Links die Weisheit mit einem Spiegel in der Hand, die Gerechtigkeit in männlicher Gestalt, Tapferkeit und Mäßigung. Die Figuren im Portal verkörpern die göttlichen Tugenden Glaube, Liebe, Hoffnung. Auf dem Dachgiebel steht die veränderliche Fortuna. Eine Legende erzählt, dass ab und an eine leuchtende Gestalt durch die Korridore des großen Hauses schlendert, der Geist der schönen Judith, Ehefrau des

Bürgermeisters, und sie soll flüstern „Handle gerecht, fürchte niemand".

In den königlichen Bür-

gerhäusern (Dugli Targ 1 bis 4) residierten die polnischen Könige während ihrer Besuche in Danzig.

Nun sind wir am Grünen Tor (Dugli Targ 24)

angekommen. 1357 wurde zunächst die Koggenbrücke errichtet, benannt nach den Schiffen, die in den Danziger Hafen einziehen und nicht weit entfernt renoviert und gebaut wurden. Durch das gotische Koggentor gelangte man auf die Brücke. Der wachsende Schiffsverkehr erforderte den Umbau der Brücke zu einer Zugbrücke. Die mit vergoldeten Löwen und dem Danziger Stadtwappen verzierte neue Grüne Brücke (1564) brauchte ein ebenso repräsentatives Eingangstor. 1564 bis 1568 baute man das palastartige Grüne Tor. Es sollte als Residenz der polnischen Könige dienen, die jedoch weiterhin die königlichen Bürgerhäuser bevorzugten. Der große Saal im Erdgeschoß wurde zum Treffpunkt der Danziger. Hier wurde getafelt und wurden Theateraufführungen genossen. In den Jahren 1746 bis 1829 war das Tor der Sitz der Naturforschenden Gesellschaft, die der Öffentlichkeit die damals neuesten Physikexperimente demonstrierte. 1880 öffnete hier das Westpreußische Landesmuseum, damals berühmt für seine bis heute verschollene Bernsteinsammlung. Nach dem Ende des Zweiten Weltkrieges standen nur noch die Außenwände. Heute gehört das wiederaufgebaute Tor zum Historischen Museum, in dem Ausstellungen für moderne und alte Kunst präsentiert werden.

An den Durchfahrten des Tores prangen die Wappen von Danzig, Polen, Polnisch-Preußen und ab 1883 auch das Wappen des Königreichs Preußen.

Nur eine Länge von 600 Metern hat die Uferpromenade zwischen dem Grünen Tor und dem Hilton Hotel. Wir sind auf der Suche nach einem Restaurant und einem kühlen Bier. In der Langgasse und auch am Ufer sind die Anwerber überall zur Stelle. Wir sind aber nicht nach Danzig gefahren, um Pizza oder ähnliches zu essen. Letztendlich finden wir ein Restaurant (Jacobsen), gerade zwei Häuser von unserem Hotel entfernt. Es gibt auch typisch polnische Küche. Leider akzeptiert es zumindest heute keine Kreditkarte. Bernd flirtet ein bisschen mit einer blonden Kellnerin und klärt ab, dass wir in Euro zahlen können. Kartoffelklöße mit Gulasch für

Bernd, Bigos für mich, dazu lokales Fassbier. Auf Nachfrage empfiehlt

uns die Kellnerin einen geöffneten Supermarkt namens Żabka (Frosch) in der Nähe. Diese kleinen Supermärkte gibt es überall in Danzig. Wir kaufen Wasser ein und bummeln über die Uferpromenade zurück. Das

eher historisch anmutende Karussell dreht seine Runden. Ein Ritt auf einem der Pferdchen ist immer noch beliebt. Auch die gegenüberliegende Seite der Mott-

lau/Motlawa erstrahlt in abendlicher Beleuch-

tung. Hier dreht sich das Danziger Riesenrad.

Wir erklimmen die Stufen zu unserer Residenz und schlafen mit weit geöffneten Fenstern. Um 7:00 Uhr läuten die Kirchenglocken nebenan. Über Nacht ist eine Mücke über mich hergefallen. Nun habe ich sie erwischt. Nach einem guten Frühstück erkunden wir zunächst den Rest der Rechtstadt.

Das Haus „Zum Lachs" in der ul. Szeroka 51/ Breitgasse war zwischen 1704 bis 1945 Firmensitz der Familie von der Marwitz, Eigentümer der berühmten Likörfabrik, die auch das Danziger Goldwasser herstellte. Die Kunden konnten die Produkte in schön eingerichteten Probierstuben kosten. 1945 wurde alles zerstört. Zu Gastronomiezwecken wurde

das Haus wieder aufgebaut. Im Eingangsbereich kann man alte Flaschen von 100 jährigem Danziger Goldwasser bewundern. Dieses wird heute überwiegend in Deutschland hergestellt. Wir sind zu früh und können keinen Blick ins Innere werfen.

Die Frauengasse (Ulica Mariacka) mit ihren zahl-

reichen Bernsteinläden ist eine der schönsten Straßen Danzigs. Die Straße beginnt am Marientor und führt zur

Marien-Kathedrale. Im 17. und 18. Jahrhundert ließen sich hier viele Handwerker, vor allem Gold- und Silberschmiede, nieder. Die Gasse entwickelte sich zu einem beliebten Ort für den Bernstein-Handel. Während des Zweiten Weltkrieges wurde die Marienstraße stark beschädigt, jedoch nach dem Krieg wieder restauriert. Rechts und links der Kopfsteinpflasterstraße stehen historische Gebäuden im Stil der Backsteingotik. Charakteristisch für die

reich verzierten Fassaden der Wohnhäuser

sind die Vorbauten mit ihren Wasserspeiern.

Schön gearbeitete Reliefs/ Ornamente zeigen

attraktive offenherzige Damen, die u.a. ihrer

Tätigkeit als Astronomin nachgehen.

Die Marienkirche ist eine der größten gotischen Backstein-Kirchen in Europa. Ihr Grundstein wurde 1343 gelegt. Die 26 Pfeiler in ihrem Inneren, die die Gewölbe der drei Kirchenschiffe

stützen, erreichen eine Höhe von fast 30 Metern. Entstanden ist dieser Kirchenbau in vier Etappen: 1343 Baubeginn, 1379 Beginn des Baus von Querhaus und Apsis, 1466 Ende des Turmbaus, 1498 bis 1502 Gewölbebau. Durch ihre enormen Ausmaße ist sie eine der größten Hallenkirchen weltweit.

Zwar haben die Danziger während des Zweiten Weltkrieges zahlreiche Einrichtungsgegenstände aus der Kirche ausgelagert und sie so vor Zerstörung bewahrt. Trotzdem gingen etliche Kunstschätze unwiderruflich verloren. Dazu gehören die Orgel, die meisten Teile des Taufbeckens unterhalb des Orgelprospektes sowie die Heiligenfiguren in den Seitenflügeln des Hauptaltars. Von einst

144 Figuren sind nur 11 erhalten geblieben. Zerstört wurde auch die Kanzel am fünften Pfeiler der Nordseite. Die im manieristischen Stil ausgeführte Kanzel, die heute an dieser Stelle hängt, stammt aus der Danziger Johanneskirche. Die aktuelle barocke Orgel, das Taufbecken und die Kanzel waren ursprünglich für die Johanneskirche angefertigt worden. Einst

hatte die Kirche 47 Altäre. Nach der Zerstörung 1945 fanden 13 ihren

Weg in die Kirche zurück. Die Innenausstattung ist eher ein fantastisches Mueum mit ihren vielen unschätzbaren mittelalterlichen und barocken Kunstwerken. Der reich verzierte Hauptaltar

wurde geschaffen von Michael Schwarz aus Augsburg in den Jahren 1510 bis 1517. Die Festtagsseite zeigt mit drei großen Sitzfiguren die Krönung Mariens. Von den Heiligenfiguren in den Flügeln sind nur noch elf erhalten. Die Rückseite zeigt Szenen aus dem Christus- und Marienleben. Beeindruckend ist die berühmte astronomische Uhr von Hans Düringer aus Thorn aus dem Jahr 1470. Sie war einst die größte der Welt. Die Uhr besteht

aus drei Teilen. Der obere Teil ist ein Figurentheater. Es besitzt

drei Ebenen. Unten marschieren jeden Mittag die zwölf Apostel auf, gefolgt vom Tod als Sensenmann. Auf der mittleren Ebene erscheinen die vier Apostel so wie die drei heiligen Könige und auf der Spitze stehen Adam und Eva vor dem Baum der Erkenntnis und schlagen die Stunden an.

Im Zentrum des Kalendariums befindet sich eine Scheibe mit 2,7 Meter Durchmesser, auf der alle Tage und Monate des Jahres, alle Festtage, Mond- und Sonnenaufgänge sowie andere astronomische Zyklen abzulesen sind.

Das Zifferblatt zeigt 24 Stunden an und kommt daher mit einem Zeiger aus. Der zweite Zeiger deutet auf das gerade aktuelle Sternzeichen. Der untere Teil ist eine liturgische Zeittafel: eine Scheibe voller Zeichen, die wohl nur Eingeweihte verstehen, und

die teilweise durch eine zweite Scheibe mit der Abbildung der Madonna verdeckt wird. Seit 1987 ist die Uhr wieder voll funktionsfähig und hat dabei weitgehend den mittelalterlichen Mechanismus bewahrt.

Die Tafel der Zehn Gebote (1485) am nordwestlichen Vierungspfeiler informiert immer noch über Sünden und Tugenden. Das Werk ist um 1480 entstanden und

zeigt zu jedem Gebot links die Befolgung und rechts die Missachtung des Gebotes an.

In der Kapelle der Muttergottes im spitzen Turm (ehemalige Dorotheenkapelle) wacht die

Schwarze Madonna.

In der Reinholdskapelle steht die berühmte Danziger Pieta (um 1410). Mit leidvollem Blick be-rachtet Maria den auf ihren Knien liegenden Christus, dessen Körper noch vom Todeskampf am Kreuz gezeichnet ist. Hier findet auch das Jüngste Gericht statt. Das Triptychon des Weltgerichts von Hans Memling ist der Offenbarung des Johannes entnommen. Dargestellt sind der Weltenrichter am Tag des Jüngsten Gerichts, die Auferstehung der Toten am Jüngsten Tag, die Seelenwägung durch den Erzengel Michael und der Einzug der Geretteten in das Himmlische Jerusalem (Paradies) sowie der Gang der Verdammten in die Hölle. Auf den Außentafeln sind im geschlossenen Zustand des Flügelaltars die Stifterporträts zu sehen. Wahrscheinlich wurden die beiden Flügel an Sonn- und Feiertagen aufgeklappt und gaben so den Blick auf die drei Mitteltafeln frei. Das Triptychon ist Raubgut. Es wurde um 1467 für die italienische Michaelskapelle der Badia Fiesolana, die von den Medici in Fiesole gestiftet worden war, von Angelo di Jacopo Tani (1415–1482) in Brügge in Auftrag gegeben. Tani war von 1455 bis 1465 Geschäftsführer der Medici-Bank in Brügge. Das Schiff, mit dem das Bild im Jahr 1473 nach Florenz gebracht werden sollte, wurde jedoch nach dem Auslaufen von der „Peter von Danzig", einem Schiff der Hanse, gekapert. Ein Teil der Beute, darunter auch das Gemälde, wurde nach Danzig gebracht und von Reinhold Niederhoff, dem damaligen Bürgermeister von Danzig, der dortigen Marienkirche geschenkt, wenngleich sich Tommaso Portnari, der rechtmäßige florentinische Eigentümer, um Rückgabe bemühte. Trotz Intervention Karls des Kühnen,

des damaligen Herzogs von Burgund, und von Papst Sixtus IV. behielt man die Beute in Danzig. Allerdings leistete die Stadt Brügge eine Schadensersatzzahlung an Tommaso Portinari. Das im 2. Weltkrieg erbeutete Original wurde von den Sowjets nach Russland gebracht, später jedoch an das Nationalmuseum in Danzig zurück verschenkt. So gibt es in der Marienkirche nur eine Kopie. Die hervorragende Akustik der Marienkirche betont den

schönen Klang der derzeitigen barocken Orgel. Im März 1945 wurde die große Orgel der Kirche bei einem Brand zu wesentlichen Teilen zerstört, die Chororgel vollständig. 1979 wurde der erhaltene Prospekt der Renaissance-Orgel der Johanneskirche in die Marienkirche gesetzt. Er war durch rechtzeitige Einlagerung im Krieg weitgehend unbeschädigt geblieben. Diese Orgel wurde in den Jahren 1625 bis 1629 gebaut. Durch Spendenmittel eines deutschen Fördervereins wurde sie in den Jahren von 1982 bis 1985 durch die Firma Gebrüder Hillebrand aus Altwarmbüchen rekonstruiert. Die Orgel hat 46

Register mit drei Manualen und Pedal. Diese Orgel der Marienkirche scheint nur noch ein Ausstellungsstück zu sein.

Für fünf Zloty kann man den rund 80 Meter hohen Glockenturm erklimmen und die Aussicht von dort oben genießen. Der Besuch der Marienkirche ist ein „Muss".

Das Große Zeughaus

(Wielka Zbrojownia) am Kohlenmarkt (Targ Węglowy) trägt seit 1609 zum Glanz der Stadt bei. Der Baustil mit Türmchen und Giebeln gehört zum Niederländischen Manierismus. Die beiden Portale sind mit dem Danziger Wappen verziert. In der Fassade entdecken wir eine Statue der Athene. Gebaut wurde das Zeughaus, wie der Name schon sagt, zum Lagern von „Zeug". In den damaligen Zeiten waren das vor allem

Waffen und Munition. Die Zeughäuser wurden auch Arsenale genannt.

Nun schlendern wir durch das Grüne Tor und

über die Brücke auf die Speicherinsel. Die Tour macht Spaß, da die Menschenmengen, die unterwegs sind, noch überschaubar sind.

Über sechs Jahrhunderte bildeten die Dan-

ziger Speicher, Europas größter städtischer Hafenlagerbezirk, die gut gefüllte Schatzkammer der Stadt. Zu Beginn des 15. Jahrhunderts standen dort schon 120 Speicher, im Jahr 1643 waren es 315, 1806 schließlich 359. Nach der Zerstörung im Krieg sind noch nicht alle wieder aufgebaut. Über den Wassergraben, der die Speicher von Osten her verteidigte, wurde eine Brücke sowie ein Tor gebaut. Das Tor wurde zum Turm, dem sogenannten Sahnekännchen. 1519 baute man einen neuen Turm.

Seine Form erinnerte an eine Milchkanne. Mit etwas Phantasie lassen sich die Milchkannentürme erkennen. Sightseeing ist auch im Retrostil möglich - in ei-

nem Oldtimer auf den Spuren des mittelalterlichen Gdansk.

Auf der Mottlau ist

reger Schiffsverkehr –

Paddelboote, Tretboote,

Motorboote, Segelyach-

ten mit sich im Bikini

sonnenden Schönheiten.

Von dieser Seite der

Mottlau - wir befinden

uns gerade auf der Bleihofinsel (Ołowianka) - bietet sich uns ein toller Blick auf die Rechtstadt, insbesonde-

re auf das Krantor. Das Krantor ist das Wahrzeichen von Danzig.

Direkt an der Mottlau gelegen war der in den Jahren 1442 bis 1444 errichtete Kran der größte Hafenkran des mit-

telalterlichen Europas. Er wurde als Verladevorrichtung benutzt und diente auch zur Aufrichtung von Masten, zugleich fungierte das Krangebäude als Einfahrtstor in die Stadt. Heutzutage ist der Kran ein Teil des Nationalen Meeresmuseums und beherbergt einen rekonstruierten und funktionierenden Antriebsmechanismus - ein hölzernes Rad - das traditionell mit der Kraft menschlicher Muskeln in

Bewegung gesetzt wurde/wird. Das hölzerne Konstrukt ist fast 30 Meter hoch.

Auf Ołowianka lädt auch die Baltische Philharmonie zu Konzerten ein. Wir wollen zurück auf die andere Seite. Im Moment haben die Schiffe Vorfahrt. Die

Brücke ist hochgeklappt. Wer will, kann sich zwischenzeitlich im Riesenrad in die Lüfte erheben

lassen. Langsam senkt sich die Brücke wieder

herab und die Fußgänger

können passieren - eine

beeindruckende Kon-

struktion.

Auf dem Weg zum Europäischen Zentrum für Solidarität kommen wir

am ehemaligen Postgebäude vorbei. 1630 gab

es hier eine Besserungs-
anstalt samt Manufak-
tur, ab 1844 war es Sitz
des Garnisonsspitals, ab
1925 der Polnischen
Post. Am 01. Sepember
1939 griff die SS das
Gebäude an. 14 Stunden
hielten die Verteidiger
stand. Ein Denkmal ih-
nen zu Ehren steht vor

dem Gebäude. Auch die
alte Danziger Stadtbilio-

thek liegt auf unserem
Weg.

Die Danziger Werft ist
eines der wichtigsten
Symbole der Stadt. Sie
besteht seit 1945 und ist
eine der größten Werf-
ten in Polen. Früher be-

fanden sich in diesem
Gebiet die Kaiserliche
Werft Danzig und die
Schichau-Werft Danzig.
Im Jahre 1980 wurde hier
das Danziger Abkommen
unterzeichnet. Die Dan-
ziger Werft wird direkt
mit den dortigen Streiks,
"Solidarność" und mit
Lech Wałęsa assoziiert.

Vor dem Europäischen
Zentrum der Solidarität

/Europejskie Centrum
Solidarności (pl. Solidarności 1, 10-18/ 20 Uhr je
nach Monat, 32 Sloty für
die Ausstellungen) erin-
nert ein Denkmal an die
bei dem großen Streik
getöteten Werftarbeiter.

Das moderne Zentrum „hier beginnt Europa"

ist großzügig gestaltet. Viele Pflanzen sorgen für

ein angenehmes Ambiente. Ein Audioguide begleitet uns auf deutsch durch die Ausstellungen in der ersten und zweiten Etage. Die Entstehung der Solidarnocz, die Loslösung von der Sowjetunion bis hin zu

freien, demokratischen Wahlen wird didaktisch gut und sehr eindrucksvoll erklärt und belegt. Die Werft war eine ei-

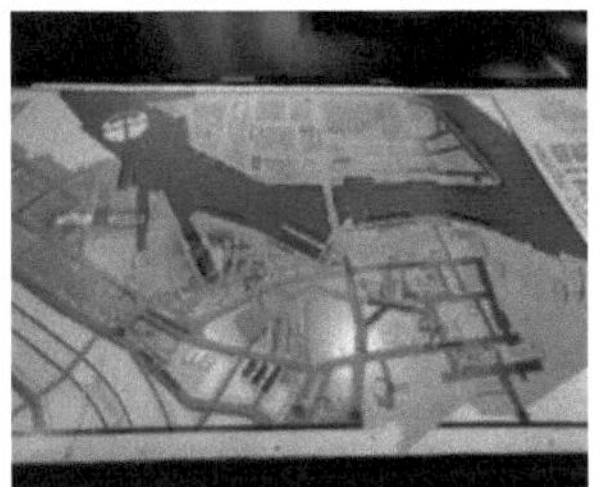

gene Stadt mit Kino und Hospital. Die Streikaufrufe waren nicht revolutionär, sondern sachlich begründet. In der Druckerei wurde das Material erstellt. Der Fernseher im Wohnzimmer sendete nur Staatspropaganda. Im Radio lauschte man heimlich dem

Sender „Freies Europa". Eine Plakatausstellung

informiert über Schein und Wirklichkeit. Die

Vorderseiten zeigen das geschönte Propaganda-

bild, die Rückseite Szenen aus dem wirklichen Leben. Unterstützung erfuhren die Streikenden auch von dem damaligen polnischen Papst Paul II. Dreimal besuchte er sie in Danzig. Auch das Pa-

pa-Mobil ist in der Ausstellung zu sehen.

Ein Highlight ist zudem die begrünte Aussichtsterrasse im 6. Stock. Von

hier oben bieten sich

uns einzigartige Ausbli-

cke auf die Werft, ihre

Kräne, die Altstadt sowie den Rest der Stadt.

Auf dem Rückweg Richtung Altstadt liegt rechter Hand der Hagelsberg (Góra Gradowa). Das Millenniumskreuz auf dem Berg erinnert an die

1000-jährige Geschichte der Stadt. Auch von hier oben soll sich ein tolles Panorama ausbreiten - die Recht- und Altstadt mit ihren vielen Kirchtürmen, die Danziger Werft mit ihren Kränen und dazu die Ostsee im Hintergrund. Der Fußweg zum Hagelsberg ist nicht weit. Man erreicht ihn, wenn man die Unterführung durch den Danziger Bahnhof durchquert und dann die kleine Anhöhe hinaufsteigt.

Wir wollen ihn nicht erklimmen. Wir sind schon genug gelaufen.

Im Bernstein-Museum in der alten Mühle legen wir eine Pause ein.

Der Deutsche Orden baute den 17 Kilometer

langen Radaune Kanal, um die Schlossgräben zu bewässern, die Trinkwasserversorgung zu gewährleisten und die Industriebetriebe in der Altstadt zu fördern. Seit

1350 war die Große Mühle in Betrieb. Anfangs wurde sie durch zwölf, später durch 18 große

Mühlräder angetrieben. Heute befindet sich in der im Krieg ausge-

brannten Großen Mühle das Bernsteinmuseum.

Ob dieser "Herr" wohl der Buchhalter oder der

Hüter der Mühle war?

Das Museum ist toll ausgestattet und be-

leuchtet. Der Fußboden ist durchsichtig. Zwar

haben wir festen Boden unter den Füßen, treten aber trotzdem etwas unsicher auf.

Auf einer Ausstellungsfläche von fast 1.000 Quadratmetern können

wir über 1000 Exponate

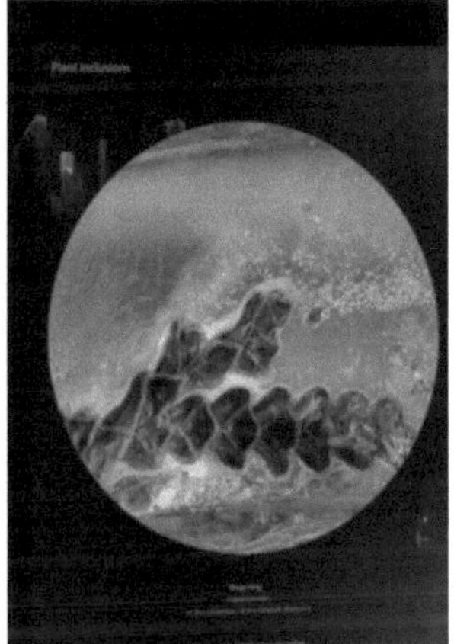

bewundern - Stücke mit

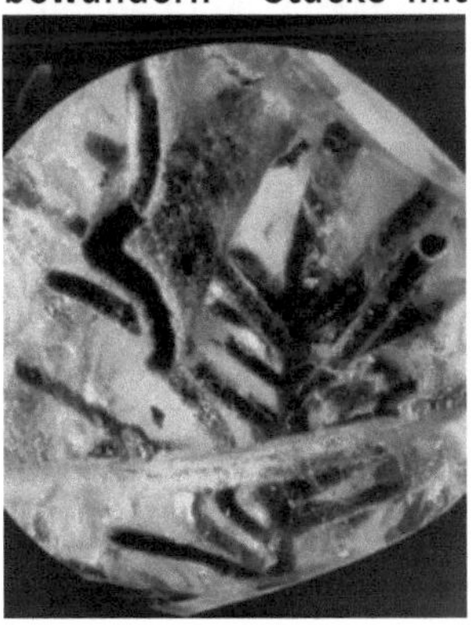

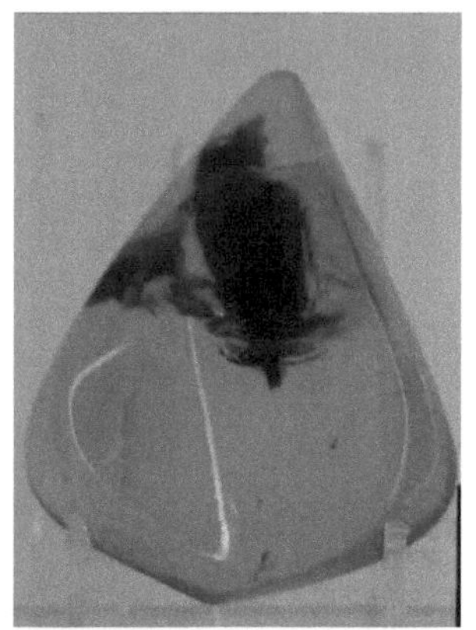

Einschlüssen, die mehr

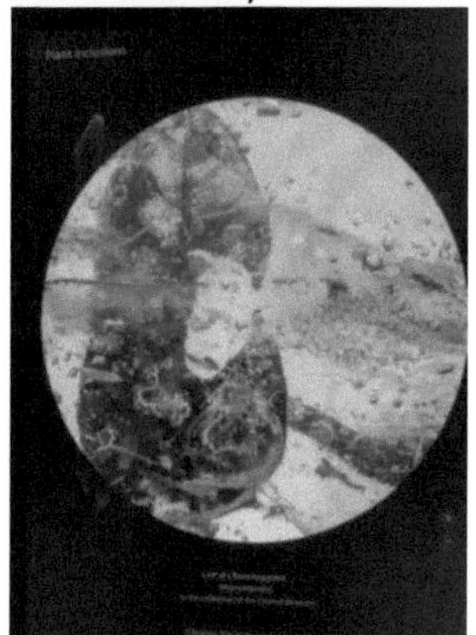

als 40 Mio. Jahre alt sind,

historische Objekte, die

vom Talent früherer

Bernsteinschleifer   zeu-

gen, bis hin zu aktuellen

Kunstwerken. Wir erfah-

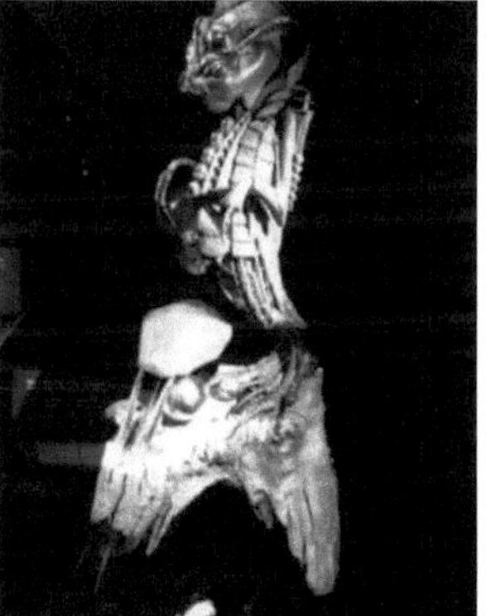

ren viel über das Vor-

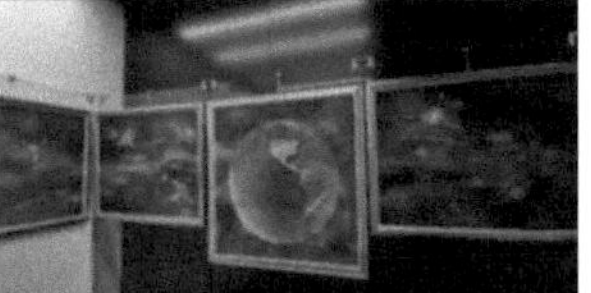

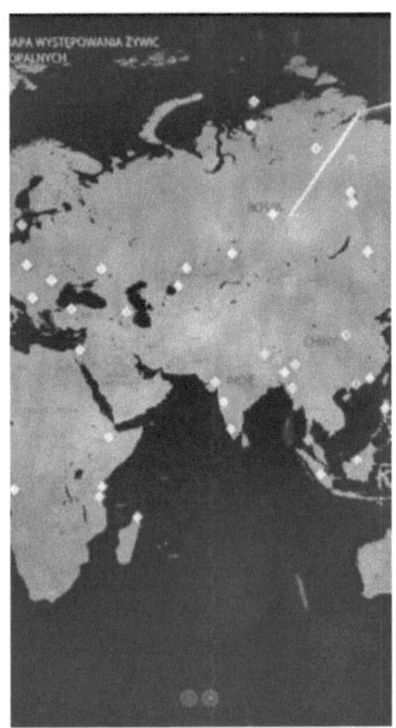

kommen von Bernstein,

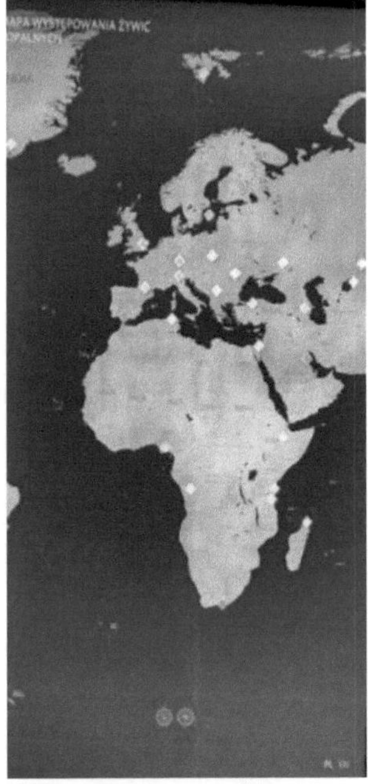

den Prozess der Ent-

stehung des Bernstein,
seine Bearbeitung und

über das sagenhafte
Bernsteinzimmer, an

dessen Entstehung die
Danziger Meister einen
bedeutenden Anteil hat-
ten. 1701 wurde in Danzig
und Königsberg mit den
Arbeiten am Bernstein-
zimmer begonnen.

Wer mag, kann im Shop
ein Erinnerungsstück er-

werben. (Große Mühle, ul. Wielkie Mlyny 16, montags freier Eintritt, sonst 32 Zloty, dienstags geschlossen, 10 bis 18 Uhr)

Vorbei am immer noch plätschernden Mühlenwasser gelangen wir zum

Altstädter Rathaus (ul. Korzenna 35, Pfefferstadt). Um 1373 erhielt die Altstadt das Stadtrecht vom Deutschen Orden. Von 1377 an ist der erste Bürgermeister bekannt. 1382 wurde über den Bau eines neuen Rathauses berichtet. 1454 verlor die Altstadt nach der Unterstellung des Gebietes unter den polnischen

König die Rechte einer eigenständigen Stadt. Das aktuelle Gebäude wurde zwischen 1587 und 1594 gebaut. Der Baumeister war wahrscheinlich Anton van Obberghen. Seit etwa 1807 war das Gebäude Sitz des Amtsgerichts und seit 1915 waren hier Abteilungen der Stadtverwaltung Danzig untergebracht. Als einziges Gebäude der Pfefferstadt blieb das Rathaus 1945 weitgehend unzerstört. Die Gestaltung der Innenräume ist jedoch das Ergebnis von Renovierungsarbeiten im 20. Jahrhundert. Die bekannteste, mit der Geschichte des Rathauses verbundene Gestalt ist Jan Hevelius (28. Januar 1611 in Danzig; † 28. Januar 1687 in Danzig) - ein Danziger Stadtrat, zu dessen Ehren im Flur des Gebäudes eine Gedenktafel angebracht wurde. Aktuell befinden sich in den Räumlichkeiten das

Danziger Ostsee-Kultur-
zentrum, die Buch-
handlung eines Wissen-
schaftsverlags, eine Ga-
lerie und ein Café.

Im davor liegenden
Park steht ein Denkmal

von Jan Hevelius. Er hält
einen Zirkel in der Hand

und sieht auf eine rie-
sige Mauer mit einem
Himmelsbild. Der Herr
war ein berühmter As-
tronom und gilt als Be-
gründer der Kartografie
des Mondes, der Seleno-
graphie (das zum Mond
gehörige Analogon zur
Geographie).

Nun besuchen wir die
Katharinenkirche in der
ul. Profesorska 3. Die
Kirche wird heute von

den Karmelitern verwal-

tet. Das ausgestellte

Wandbild „Einzug von Jesu in Jerusalem" ist

beeindruckend. Es misst 10,10 Meter x 3,20 Meter und stammt aus dem Jahr 1654.

Fast nebenan steht die

Brigittenkirche (ul. Professors 17, Eintritt 5 Zloty). Ihr Wiederaufbau nach dem 2. Weltkrieg endete erst 1975. Sie war das inoffizielle Gotteshaus der Werftarbeiter aus der Lenin-Werft,

Treffpunkt und Aktionszentrum der jungen freien Gewerkschaft um Lech Wałęsa während der Solidarność-Bewegung. Der Kaplan der Brigittenkirche Henryk Jankowski war Wałęsas Beichtvater und einer der ersten Kirchenmänner, die die Streikenden und ihre Bewegung offen unterstützten. Im Chor

befindet sich der berühmte, fast 13 Meter hohe monumentale Altar aus Bernstein in Form einer aufstrebenden Lilie. Er wurde am 16. Dezember 2017 von Erzbischof Sławoj Głódź und Präsident Andrzej Duda eingeweiht. Die Idee zu diesem ganz besonderen Altar wurde während einer Wallfahrt nach Tschenstochau geboren. Der damalige Pfarrer der Kirche, Pater Henryk Jankowski, erarbeite zusammen mit den Professoren Stanisław Radwański, Rektor der Akademie der Bildenden Künste in Danzig, und Mariusz Drapikowski den Entwurf für den Altar. Der Altar war als Hommage an die göttliche Vorsehung als Dank für das Papsttum von Papst Johannes Paul II. und die Wiedererlangung polnischer Unabhängigkeit gedacht. Der Altar ist auch dem Andenken jener 28 Werftarbeiter gewidmet, die bei den Protesten ums Leben kamen.

Im Mittelpunkt steht

die Figur der Heiligen Jungfrau Maria, der Beschützerin der Arbeiter, gemalt von Pater Franciszek Znaniecki und inspiriert von seinen Erfahrungen beim Arbeitermassaker im Dezember 1970. Ihre lange Schleppe ist aus einzigartigem weißem Bernstein gefertigt. Über der Jungfrau Maria schwebt ein weißer Adler, das Wahrzeichen Polens. Im Jahr 2014 wurde dem Altar eine Monstranz oder ein Ostensorium aus Bernstein hinzugefügt, das die Reliquien des Herzens und Blutes des heiligen Papstes Johannes Paul II. und des seligen Jerzy Popieluszko enthält. Die Marienfigur wird beidseitig von den Figuren der heiligen Birgitta von Schweden und der heiligen Elisabeth Hesselblad flankiert. Auf beiden Seiten davor sitzen die Figuren des heiligen Papstes Johannes Paul II. und des Kardinals Stefan Wyszynski, zwei der mächtigsten polnischen religiösen Persönlichkeiten Polens in der zweiten Hälfte des 20. Jahrhunderts.

Im Dezember 2015 wurde mit Zustimmung von Erzbischof Glódź eine Reihe von „Reben" ergänzt, die sich vom Boden bis in das Gewölbe erstrecken. Nach und nach konnten diese Weinreben mit kleinen Spenden aus Bernstein, Silber und Gold bedeckt werden, Spenden von Pilgern, Gemeindemitgliedern und Touristen aus aller Welt. Der nun fertiggestellte Altar soll mehr Bernstein als das berühmte verschollene Bernsteinzimmer haben.

Auch wenn der Bernsteinaltar an sich schon einen Besuch in der St.-Birgitten-Kirche wert ist, ist die Kirche zudem ein

Ort, eine Gedenkstätte, in der eine Reihe wich-

tiger Ereignisse der polnischen Geschichte dokumentiert sind – Erinnerungen an das sowjetische Massaker an polnischen Offizieren in Katyń, Kreuze, die während der Solidarność-Streiks verwendet wurden, der Schrein für

Pater Jerzy Popieluszko, der 1984 von der Geheimpolizei ermordet wurde. Rechts vom Altar befindet sich die Fatima-Kapelle. In den Toren sind die Daten aller wichtigen Jahre in der polnischen Geschichte vermerkt. Die großen Türen an der Ostseite des Nordschiffes zeigen Szenen der Solidarnocz-Bewegung von August 1980 bis zur Einführung des Kriegsrechts im Dezember 1981. Im Jahr 2010 wurde bei Arbeiten an der Wendeltreppe, die zum Chor führt, eine zuvor verborgene Krypta

mit Hunderten von Knochen freigelegt. Vermutlich stammen diese aus dem frühen 17. Jahrhundert und waren in flachen Gräbern rund um die Kirche begraben. Die heute zugängliche Krypta enthält die Reliquien der heiligen Birgitta von Schweden und einige der 2010 hier entdeckten Schädel. Im Außenbereich steht eine Statue von Johannes Paul II.

Das ehemalige Denkmal von Henryk Jankowski (1936-2010) war nach Medienberichten am 21. Februar 2019 in einer nächtlichen Aktion vom Sockel gestürzt worden, nachdem Missbrauchsvorwürfe gegen Jankowski bekannt wurden. Wegen seiner Funktion als Beichtvater des Danziger Streikführers und des späteren polnischen Staatspräsidenten Lech Walesa galt Jankowski lange Zeit als moralische Instanz im Land. Der Stadtrat von Danzig hat anschließend den Abriss des umstrittenen Denkmals beschlossen. Zugleich sprachen sich die Abgeordneten für die Umbenennung des Jankowski-Platzes aus, auf dem das Denkmal stand. Darüber hinaus wurde der einstigen Solidarność - Legende der Titel als Ehrenbürger von Danzig aberkannt.

Auf dem Holzmarkt (Targ Drzewny) steht das

Reiterdenkmal des polnischen Königs Johann III. Sobieski. Dieser gilt als Retter von Wien. Während der Zweiten Belagerung Wiens durch die Osmanen führte er am 12. September 1683 mit seiner Hussaria in der Schlacht am Kahlenberg als Oberbefehlshaber der Katholischen Liga den entscheidenden Angriff gegen die Türken.

Die alten Markthallen sind nicht weit. Sie sind

geschlossen. Auf dem Vorplatz herrscht noch reges Treiben. Die Nikolaikirche lässt keine Besucher mehr ein. Wir erklimmen die Stufen zu unserem Zimmer. Das Zimmer wurde nicht gemacht. Dusche und kurze Pause müssen jetzt sein, bevor wir uns wieder ins abendliche Leben stür-

zen. Heute können wir in unserem gestrigen Restaurant mit Karte be-

zahlen. Bernd schwatzt mit der taffen Bedienung von gestern. Wir sind

überrascht. Sie ist schon 41 Jahre alt und hat den Job nur für zwei Monate über die Saison. Wir bestellen ein Danziger Goldwasser und spazieren noch einmal an der Mottlau entlang. Der

mittelalterliche Piraten-Ausflugsdampfer kehrt

gerade zurück. Die Hebebrücke senkt sich langsam wieder. Heute gönnen wir uns noch ein frisch gezapftes Softeis, genießen die nächtliche Atmosphäre und das bunte Treiben. Im Frosch versorgen wir uns noch einmal mit Wasser. Im Hotel wartet wieder eine Saunanacht auf uns.

Wir schleppen uns die Wendeltreppe mit unseren Koffern hinunter. Es ist zu früh, kein Helfer in Sicht. Heute geht es weiter nach Stettin.

Den Markt der Dominikaner (Jarmark św. Dominika) haben wir knapp verpasst. Er findet jährlich in Danzig immer im Juli und August statt. Es soll das größte Volksfest Polens sein. Noch voller als jetzt kann die Stadt doch fast gar nicht sein. Diesen Markt gibt es schon seit mehr als 750 Jahren. Am 5. August des Jahres 1260, am Tag des Heiligen Dominikus, gewährte der damalige Papst Alexander IV. dem Danziger Dominikanerorden ein Ablassprivileg. Das bedeutet, dass die Menschen ihre Sünden von dem Tag an in Danzig ablegen konnten, statt wie bisher weit an einen anderen Ort mit Ablassprivileg reisen zu müssen. Viele der heutigen Volksfeste sind auf ein solches Ablassprivileg zurückzuführen.

Schon in den ersten Jahren des Dominikanermarktes wurde dieser zu einem Anziehungspunkt für Händler aus aller Welt. Angeblich legten bereits im 16. Jahrhundert während des Marktes bis zu 400 Schiffe in Danzig an – beladen mit kostbaren Gütern aus vielen unterschiedlichen Ländern. Die Händler aus dem In- und Ausland boten ihre Gewürze, besondere Lebensmittel sowie feine Stoffe auf dem Markt an.

Heute ist der Dominikanermarkt nicht nur ein Markt der Köstlichkeiten, sondern zeitgleich auch Jahrmarkt und Kunstmarkt. Neben den vielen Marktständen, die Leckereien, Kunsthandwerk sowie Bernsteinschmuck ver-

kaufen, gibt es zahlreiche Unterhaltungsangebote. Jährlich lockt der Markt hunderttausende Besucher an. Wenn man im Sommer vor Ort ist: Unbedingt einplanen, aber nur, wenn man Menschengewühl mag. Ausführlichere Informationen gibt es in jarmark.trojmiasto.pl

Keine Zeit blieb mehr für einen Besuch der Zaspa-Siedlung und ihre vielseitigen Wandmalereien. Heutzutage gibt es mehr als 54 große Gemälde, die die Eingangsfassaden der Wohnblöcke, und 19 Malereien, die die Eingänge in den Treppenhäusern schmücken. Die ersten Arbeiten dieser Art entstanden im Jahre 1997 zum 1000. Jubiläum der Stadt Danzig. Seit dem Jahr 2010 vergrößert sich die Sammlung ständig, vor allem dank der Danziger Wandmalerei-Schule. Seit 2011 findet hier das MONUMENTAL

ART-FESTIVAL statt.

Auch blieb uns keine Zeit, die Westerplatte zu besuchen. Auf der Halbinsel begann am 1. September 1939 der 2. Weltkrieg mit dem Beschuss der polnischen Stellung durch das deutsche Panzerschiff Schleswig-Holstein. Ganz am Ende der Halbinsel steht auf einer Anhöhe das Denkmal der Verteidiger der Westerplatte. Von dort kann man den weiten Blick auf die Umgebung und die Bucht genießen. Informationstafeln informieren auch in englischer Sprache über die Geschichte des Ortes. Ab Akademia Muzyczna (10 Minuten Fußweg bis zum Grünen Tor) fährt der Bus 106 zur Westerplatte.

Danzig kann man per Auto, Bahn, Bus oder Flugzeug besuchen. Vom Flughafen kommt man mit dem Bus 210 günstig ins Stadtzentrum (Haltestelle: Dworzec Glówny).

Die Fahrt dauert rund 35 Minuten bei schwachem Verkehr. Alle Hotels, die in der Rechtstadt oder Altstadt liegen, sind ab hier gut zu Fuß erreichbar. Die Fahrkarten kann man beim Busfahrer oder am Fahrkartenautomat an der Haltestelle kaufen. Automaten akzeptieren Kreditkarten. In der Danziger Altstadt lassen sich die ganzen Sehenswürdigkeiten gut zu Fuß erreichen. Möchte man Richtung Oliwski Park oder zum größten Einkaufszentrum Galeria Bałtycka, dann sollte man die SKM, die S-Bahn, die Danzig mit Sopot und Gdynia verbindet, nehmen. Die Tickets gibt es in kleinen Kiosks oder an Automaten. Die Tickets müssen vor der Fahrt entwertet werden. (Gdansk, Sopot und Gdynia auf Deutsch: Danzig, Zopott und Gdingen)

Route PLN 5 Stettin.

Um 7:55 Uhr fährt unser Bus ab Danzig. Wir wuchten unsere Koffer die Wendeltreppe hinunter. Den Weg zum Busbahnhof kennen wir schon. Es ist Sonntagmorgen. Auf den Straßen herrscht noch Ruhe. Wie jeden Tag um 7:00 Uhr beginnen die Kirchenglocken zu läuten. Die Fahrt führt durch landwirtschaftlich geprägte Landschaft. Die drei Busfahrer diskutieren die ganze Zeit rege miteinander.

Die Hauptstadt der Woiwodschaft Zachodniopomorskie (Westpommern) zählt rund 410.000 Einwohner. Stettin besitzt als alte Hansestadt einen der größten Seehäfen des Ostseeraumes.

Der größte Teil der Stadt liegt am linken Westoderufer, das vor allem im Norden der Stadt von bewaldeten Hügeln geprägt ist.

Im engeren Stadtgebiet liegen zwischen den beiden Hauptarmen des Flusses, der Westoder (Odra Zachodnia) und der Ostoder (Odra Wschodnia) sowie den alten Querverbindungen Parnitz und Dunzig, zahlreiche Flussinseln. Der Altstadt direkt gegenüber befindet sich die Insel Lastadie (Łasztownia), die über die Most Długi (übersetzt „Lange Brücke", früher Hansabrücke) erreicht wird. Der Stadtteil Łasztownia grenzt unmittelbar an das Gebiet des Seehafens.

Nördlich der Kernstadt weitet sich die Oder zu einem großen Binnensee, dem Dammschen See (Jezioro Dąbie), aus. In der Höhe von Police (Pölitz) findet der Fluss wieder in ein sehr breites Bett zurück, bevor er sich wieder aufweitet (Roztoka Odrzańska) und bei Trzebież (Ziegenort) ins Stettiner Haff mündet. Über den Kanał

Piastowski (Kaiserfahrt) und die Swine (Świna) wird bei Świnoujście (Swinemünde) die offene Ostsee erreicht.

Die Geschichte von Szczecin (Stettin) reicht bis ins 8. Jahrhundert zurück. Eine sieben Kilometer lange Touristenroute, der sogenannte Rote Weg, mit 42 Stationen führt zu den wichtigsten Sehenswürdigkeiten. Die Route wurde anlässlich der 750-Jahrfeier der Verleihung der Stadtrechte angelegt. Sie ist leicht zu finden, denn sie ist durch eine rote gestrichelte Linie auf dem Gehweg gekennzeichnet und die einzelnen Stationen sind markiert. Dreisprachige (polnisch, deutsch, englisch) Tafeln bieten erklärende Informationen. In den Büros der Touristeninformation bekommt man einen gratis Stadtplan mit eingezeichneter Route. Die Route beginnt und endet vor dem Stettiner Hauptbahnhof.

Vor Stettin staut sich der Verkehr. Letztendlich kommen wir mit fast einer Stunde Verspätung an. Der Weg zum Hotel Campanile ist nicht weit, sieben Minuten Fußweg. Eine große Baustelle erschwert die Orientierung. Nach einer Kaffeepause im Hotel starten wir unseren ersten Erkundungsgang. Auf der anderen Straßenseite ragt die Jakobuskathedrale, ein backsteingotischer Kirchenbau empor. Ihre Geschichte reicht bis ins späte 12. Jahrhundert zurück. In der Taufkapelle werden Reliquien des Heiligen Otto von Bamberg aufbewahrt. In einem Pfeiler wurde das Herz des Komponisten Carl Loewe (1796-1869) nach dessen Tod eingemauert. Er wirkte fast 50 Jahre in Stettin. Bis 1945 diente die Kirche der evangelischen Kirchengemein-

de als Gotteshaus. Nach Zerstörung, Kriegsende

und Vertreibung der einheimischen Bevölkerung

wird sie von der polnischen römisch - katholischen Kirche als Gotteshaus genutzt. Die Aussichtsplattform auf dem circa 110 Meter hohen Kirchturm kann seit 2009

bequem mit einem Fahrstuhl erreicht werden.

Unser Ziel ist das Schloss der Pommerschen Herzöge. In der dortigen Touristen- und Kulturinformation bekommen wir den Stadtplan mit der roten Route sowie Tipps zu typischen Lokalen. Die interessanten Gebäude/ Ecken sind teilweise weit voneinander entfernt. Oftmals sind große Kreuzungen zu überwinden.

An den Hakenterrassen wird ein Volksfest gefeiert. Das diesjährige Stettiner Segelwochenende (Szczecin) findet

gerade statt. Sail Szcze-

cin ist ein absolutes Highlight im städtischen Sommerkalender.

Zahlreiche Segelschiffe aus Polen, Deutschland, Finnland und den Niederlanden sollen vor Ort sein. Wir sehen auch ein Kriegsschiff. Es gibt zahl-

reiche Stände, Konzert-

bühnen und vieles mehr. Auf der gegenüberliegenden Flussinsel Łasz-

townia ist Kirmes. Die alten Kräne stehen heute still. Es ist Sonntag. Wir genießen den weiten Blick auf die Oder, den Hafen und das bunte Kirmestreiben (Riesenrad, diverse Fahrgeschäfte). Das Abendessen gibt es im ruhiger

gelegenen, uns empfoh-
lenen Restaurant Karcz-
ma Polska (Plac Lotni-

ków 3). Bernd genießt
Riesenrösti mit Schwei-
nefilet und Rahmpfiffer-

lingen, ich verspeise
Kohlroulade mit Kabel-
jaufüllung und Rahm-
Champignonsauce. Auf
dem Heimweg suchen
wir schon das Lokal für
morgen Abend, das Spit-
zenrestaurant Spizarnia
Szczecińska am Plac Hoł-
du Pruskiego 8/U4.

Dank Klimaanlage ha-
ben wir bestens geschla-
fen. Das Frühstück ist
gut. Um 10 Uhr starten
wir unsere Tour. Das
Wetter ist angenehm.

Unsere erste Station

ist die Nummer sechs
der roten Route. Die
Most Dlugi, die lange

Brücke, verbindet die Stadt mit der Insel Łasztownia. Einst war die Insel ein abgesperrter Bezirk, heute ist sie einer der beliebtesten Orte für Spaziergänger, Jogger, Radfahrer oder Liebhaber von gutem Kaffee und guter Küche aus der ganzen Welt.

Schrittweise renovierte Bauten des ursprünglichen Schlachthofkomplexes, historische Hafenkräne, neue Flaniermeilen, Cafés, Restaurants, Yachthafen, aber vor allem Großveranstaltungen locken die Menschen auf die Łastadie. Hier befindet sich das Kulturzentrum der Euroregion „Alter Schlachthof", hier wurde das Maritime Wissenschaftszentrum gebaut und jeden Abend erstrahlen die alten Kräne, die Kranosaurier, im Licht. Geht man am Ufer der Łastadie entlang, riecht man mit etwas Glück den Duft von Schokolade, der aus der nahe gelegenen Schokoladenfabrik Gryf kommt. Auf dem Platz hinter dem Kai Starówka bietet sich der Schriftzug „Szczecin" für ein Erinnerungsfoto an, zudem ein idealer Standpunkt, um das Panorama der Altstadt mit den monumentalen Gebäuden der Hakenterrasse und dem Schloß der Pommerschen Herzöge zu genießen. Von der Łastadie aus kann man zur benachbarten Insel Grodzka gelangen. Hier locken der Strand, eine Strandbar und zahlreiche Veranstaltungen. Wir bleiben auf der Stadtseite und folgen

der Allee der Segler,

auch Allee erfüllter Oderufer. Anhand von in den Boden eingelasse-

Träume genannt, am nen Tafeln, ausgestell- ten alten Gerätschaften,

Denkmälern bekannter Seemänner wird die historische Geschichte der Segler vom 10. Jahrhundert an bis in die Neuzeit erzählt. Auf der Oder

fährt gerade ein Floß mit

Soldaten an Bord vorbei.

Es zieht zwei bewaffnete Boote. Die Aktion wird

nicht nur von Touristen gefilmt, sondern auch von einem militärischen Begleitboot aus. Es dürfte sich um eine Übung handeln. Nächste Station ist der Heumarkt (Rynek Seinny) mit dem wieder aufgebauten alten Rathaus und seinem

Marktplatz. Das Alte Rathaus wurde um 1450 von Heinrich Brunsberg im gotischen Stil errichtet und später im Barockstil umgestaltet. Nach dem Zweiten Weltkrieg erhielt die Nordseite einen Ziergiebel im spätgotischen Stil. Heute befin-

det sich in dem Gebäude das Stadtmuseum. Eine moderne Skulptur mutet

fast selbsttragend an. Es heißt, der alte Marktplatz ist bekannt für

seine bunten Häuser. Bunt nebeneinander ste-

hen nur ein hellblaues und ein rosafarbenes Haus. Wir spekulieren,

ob dort wohl den Farben nach Jungen und Mädchen getrennt wohnen?

Die Stadt vernebelt auch an diesem Platz

Wasser - eine erfrischende Abkühlung.

Das Loitzenhaus war Sitz der Kaufmannsfa-

milie Loitz. Sie verdiente ihr Geld mit dem Salzhandel, war jedoch auch als Privatbank in Nordeuropa tätig. Das birgt Risiken. Als König Sigismund II. sowie August von Polen und Kurfürst Joachim II. von Brandenburg ihre Kredite an die Familie nicht zurückzahlen konnten, brach 1572 das Imperium der Familie zusammen. Nun konnten die Loitz ihre Gläubiger nicht ausbezahlen und verließen Stettin angeblich fluchtartig.

Der Weg in das Schloss der pommerschen Herzöge (Stettiner Schloss) ist nicht weit. Der ur-

sprüngliche Bau begann 1346. Bis 1620 erhielt es seine heutige Form mit fünf Flügeln im Stil der Renaissance. In den 80er Jahren wurde es nach seiner Zerstörung im 2. Weltkrieg wieder aufgebaut. Eine Ausstellung

informiert über Boguslaw X., den einstigen Herrscher des Fürstentums Stettin bzw. den Herrscher des Greifenstaates. Unter seiner Regierung war seit 1478 ganz Pommern wieder unter einem Herrscher vereint. Greifen ist die Bezeichnung für die Dynastie der Herzöge von Pommern. Sie leitet sich von ihrem Wappentier her, einem steigenden Greifen. Im großen Innenhof befindet sich der

Uhrenturm mit einem originellen Zeitmesser

aus dem Jahr 1693. Als Zifferblatt dient ein Gesicht. Im Keller des Ostflügels werden die

Sarkophage von sechs Greifenherzögen ausgestellt. Das Schloss wird heute von verschiedenen Kultureinrichtungen genutzt (Oper, Operette, Theater, Muse-

um, Galerien). Es gibt ein Restaurant sowie die uns schon bekannte Touristen- und Kulturinformation. In den Höfen der Schlossanlage finden regelmäßig Veranstaltungen statt. Ein Teil des Gebäudes wird zudem von der Verwaltung der Woiwodschaft genutzt. Nah gelegen ist der Herzogliche Reitstall. Der untere Teil des Gebäudes war gemauert,

der obere Teil, das Futterlager, war ein Fachwerkbau. In der Giebelfassade ist der ursprüngliche Schwenkkran erhalten geblieben. In der Nähe steht ein

Denkmal von Boguslaw X mit seiner Ehefrau Anna Jagiellonka. Hier wirkt der Herzog attraktiver als auf dem Gemälde in der Ausstellung. Das Alter fordert halt seinen Tribut.

Vorbei am Siebenmantelturm laufen wir zu den Hakenterrassen. Der

Turm, auch Frauenturm genannt, war früher ein Teil der mittelalterlichen, rund 2,5 Kilometer langen Befestigungsanlagen. Vor dem Zweiten

Weltkrieg war der Turm von vielen Mietshäusern umgeben, doch die Luftangriffe der Alliierten zerstörten die enge Bebauung des Unteren Wiekes. Wie kam der Turm zu seinem Namen? Die Legende erzählt, dass einst ein Hofschneider den Auftrag erhielt, sieben Mäntel für die Reise des Herzogs Bogusław X. ins Heilige Land zu nähen. Der Schneider erlag der Überredungskunst seiner Frau und fertigte aus Stoffresten ein Kleid für sie an. Zur Strafe sperrte man ihn in diesen Turm.

Wir unterqueren die stark befahrene Brücke.

Graffiti verschönert den Durchgang zu den Hakenterrassen. Dort ist wieder Ruhe eingekehrt. Stände und Bühnen sind schon fast komplett verschwunden. Die Hakenterrasse entstand auf

dem ehemaligen Gelände des Fort Leopold. Im nördlichen Teil der Uferpromenade ließ der damalige Bürgermeister Haken ab 1902 die später nach ihm benannten Hakenterrassen mit ih-

ren großen Treppen,

Springbrunnen und Aussichtspavillons bauen. Heute ist die 500 Meter lange Flaniermeile nach dem ersten polnischen König, Bolesław Chrobry, als Wały Chrobrego benannt. Oberhalb des Walls reihen sich mehrere Repräsentativbauten aneinander, darunter die Marineakademie (Polytechnika Morska), das Nationalmuseum

und das Westpommersche Woiwodschaftsamt.

Der Springbrunnen am unteren Ende der Ter-

rasse ist auch am heutigen Morgen wieder ein Anziehungspunkt für Touristen.

An wen bzw. an welche Mythologie mag diese Skulptur erinnern? Ein Mann, der mit einem

Wesen, das wie ein Pferd mit einem Männeroberkörper aussieht, kämpft?

Wer den polnischen Poeten der Romantik Adam Mickiewicz besuchen möchte, sollte

den Kopf einziehen. Das Denkmal steht seit 1960

auf dem Sockel des damaligen Denkmals des Preußenkaisers Friedrich III. Adam Mickiewicz ist u.a. Autor des Werkes „Herr Thaddäus".

Die 2011 geweihte orthodoxe Sankt Nikolai

Kirche ist für Besucher nicht geöffnet.

Der nächste markierte

Punkt ist ein Gedenk-
stein - das Zeichen
Rodła. Es erinnert an

den am 6. März 1938 in
Berlin stattgefundenen

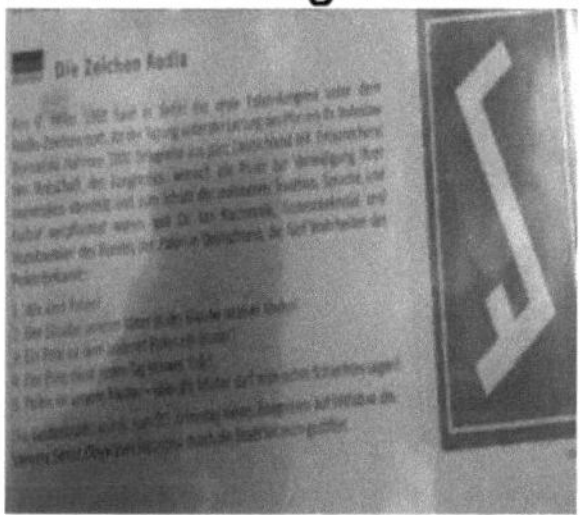

ersten Polen-Kongress.
Proklamiert wurden die
fünf folgenden Parolen:
Wir sind Polen! Der
Glaube unserer Väter ist
der Glaube unserer
Kinder! Ein Pole ist dem
anderen Pole ein Bruder!
Der Pole dient jeden Tag
seinem Volk! Polen ist
unsere Mutter - über die
Mutter darf man nichts
Schlechtes sagen!
Solche Parolen mögen
dem Nationalstolz för-
derlich sein, erinnern
jedoch eher an schlechte
Zeiten/Folgen.
Am nächsten Platz ver-
eint sich moderne Ar-
chitektur mit histori-
schem öffentlichen Nah-
verkehr. Das Pazim Ge-
bäude ist das zweit-
höchste Gebäude in

Stettin. Im 22. Stock
befindet sich ein Pano-
ramacafé. Die alten Stra-

ßenbahnen davor we-
cken nostalgische Ge-
fühle.
Wer oder was mag die
Vorlage geliefert haben?
Diese interessante vier-

teilige Skulptur weckt unsere Aufmerksamkeit.

Nächster Halt ist das barocke, reich verzierte Königstor (Brama Królewska) am Plac Żołnierza Polskiego. Es wurde im Jahre 1724 nach

einem Erlass des preußischen Königs Friedrich Wilhelm I. zwischen 1725 und 1727 als Teil einer Festungsanlage errichtet und bildete ursprünglich die nördliche Stadtbe-

grenzung. Auf der westlichen Fassade befindet sich ein ovales Medaillon mit dem Monogramm des preußischen Königs Friedrich Wilhelm I. Die lateinische Inschrift besagt, dass der preußische König das Herzogtum Stettin aufgrund rechtlicher Vereinbarungen sowie zu einem angemessenen Preis erwarb. Auf der östlichen Fassade befindet sich ein Bild mit dem Monogramm von König Friedrich Wilhelm I., zusammen mit einem Adler, der Schwert und Zepter in den Krallen hält. Den krönenden Abschluss des Gebäudes bildet das preußische Wappen mit einer Königskrone und in Stein gemeißelten Trophäen. Über dem Gebälk thront Viadrus, der Gott des Flusses Oder. Er schaut auf das Relief des Stettiner Panoramas. 1873 beschloss man, die Befestigungen abzuschaffen. Der Abriss des Königs- als auch des Berliner Tores (Brama Portowa, Plac Brama Portowa 2, Plac Zwycięstwa) konnte verhindert werden. Im Jahr 1875 übergaben die Militärbehörden beide Gebäude an die Stadt. Heute befindet sich im Königstor ein beliebtes Café.

Unweit des Königstors, in der ul. Staromłyńska 27, steht das Gebäude des ehemaligen Pommerschen Landtages. Der barocke Palast wurde zwischen 1726 und 1727 nach Entwürfen von Cornelius von Wallrave

gebaut und wird heute vom Muzeum Narodowe (Nationalmuseum) genutzt. Gezeigt werden Kunstwerke aus Pommern, die Sammlung der Greifenherzöge und polnische Malerei vom 18. bis zum frühen 20. Jahrhundert. Die zeitgenössische Sammlung des Museums befindet sich im gegenüber liegenden Bau an der ul. Staromłyńska 1.

Der Platz gegenüber dem Königstor heißt seit Ende 2013 nach Präsident-Lech-Kaczynski. Er starb 2010 bei dem nie vollständig aufgeklärten

Flugzeugabsturz in Smolensk. Auf dem Platz steht der Engel des Friedens.

Die moderne Philharmonie verwöhnt seit dem Jahr 2014 in zwei Konzertsälen mit hervorragender Akustik die Ohren ihrer Gäste. Das Gebäude stammt aus dem Architekturbüro Barozzi Veiga in Bacelona und gewann eine Vielzahl von Auszeichnungen, u.a den EU-Preis für

zeitgenössische Architektur. Gleich daneben befindet sich das Woje-

wodschafts Polizeipräsidium aus den Jahren 1902 bis 1905. Dieses wurde während des Arbeiteraufstandes 1970 von Stettinern gestürmt.

Dort, wo heute die Peter- und Paulkirche (1678 bis 1702 nach Zerstörung neu aufgebaut) steht,

stand einst die älteste Kirche der Stadt, eine hölzerne Kirche, errichtet vom Bischof Otto von Bamberg.

Die roten Linien führen uns nun zu den alten

Professorenhäusern. Sie wurden im 14. Jahrhundert für die Lehrer der

ersten Schule in Stettin, die mit der Marienkirche verbunden war, erbaut. Unweit davon wurde 1759 Sophie Auguste von Anhalt Zerbst, die spätere Zarin Katharina die

Große, geboren. Das Geburtshaus von Katharina II. (ul. Farna1) wirkt auf

uns eigentlich nicht sehr repräsentativ.

Vor einem rosafarbenen Haus parkt ein

rosafarbenes Auto. Wie rosafarben mögen die Menschen aussehen, die dort wohnen?

Auf dem Orla Bialego Platz hält Flora, die römische Göttin des Frühlings und der Blumen, Hof. Diese Figur ist um

das Jahr 1730 entstanden. Im antiken Römischen Kaiserreich wurde das alljährliche Fest ihr zu Ehren vom 28. April

laufen wir zum 1726 erbauten Grumbkow Palast. Philipp Otto von Grumbkow war Oberpräsident und Kanzler der Provinz Pommern. Der barocke Palast ist

auch unter dem Namen „Palast unter dem Globus" bekannt. Die Fassade wurde mit einem reich verzierten Tympa-

bis zum 3. Mai gefeiert. Vorbei am Adlerbrunnen

non gekrönt, bestehend aus einem kupfernen Globus, der sich auf zwei Löwen stützt. Die Weltkugel hebt sich deutlich von der beigen Fassade

ab. Die heutige Form des Palastes entspricht jedoch nicht mehr dem Original. Sie stammt aus dem Jahr 1890. Seit 2010 ist der Palast Sitz der Stettiner Kunstakademie.

In diesem Palast wurde Sophie Dorothea von Württemberg, die spätere Zarin Maria Fjodorowna, Ehefrau von Zar Paul I., geboren. Erstaunlich, diese ist nun die zweite spätere Zarin, die in Stettin geboren wurde. Im Lauf der Geschichte gab es sogar insgesamt fünf deutsche Prinzessinnen, die später Zarin wurden.

Eine weitere Abteilung des Stettiner Nationalmuseum residiert ebenfalls in einem barocken Palast, der in den 20er Jahren des 18. Jahrhunderts gebaut wurde und bis 1928 als Sitz des Pommerschen Ständehauses diente. Über dem Haupteingang befinden sich eine Kartusche mit den Wappen Pommerns und darüber ein Tympanon mit den Allegorien der Vernunft und

Gerechtigkeit.

Auch die ehemalige Pommersche Landesbank hatte ihren Sitz in einem repräsentativen Palast. In der Eingangshalle weist uns ein Security Mitarbeiter gleich wieder den Weg zum

Ausgang.

Den Zugang des Gebäudes der ehemaligen

Preußischen Königspost ziert eine alte Postkut-

sche.

Vorbei an der Johanniskirche und dem alten Kinderkrankenhaus ge-

langen wir nun zur Herz-Jesu-Kirche (in polnisch: Kościół Najświętszego Serca Pana Jezusa w Szczecinie). Sie wurde 1913 bis 1919 als erstes Gotteshaus in Deutschland in Stahlfaserbetonbauweise errichtet und war bis 1945 evangelische Garnisonskirche. Eine Garnisonskirche ist ein Kirchengebäude, das für das am Ort stationierte Militär (Garnison) errichtet oder mindestens zeitweise von diesem genutzt wurde. Seit 1945 ist sie eine katholische Gemeindekirche, die der Verehrung des Heiligsten Herzens Jesu geweiht ist. Nicht weit entfernt steht die im Jahr 1945 ebenfalls konfiszierte evangelische Bugenhagen-Pfarrkirche, heute römisch-katholische Garnisonskirche St. Adalbert (Kościół Garnizonowy pw św Wojciecha).

Nachdem die Stettiner Neustadt sich immer weiter ausdehnte, wurde im Jahr 1899 aus 25.000, noch zur evangelischen St. – Jakobi - Gemeinde gehörigen Gläubigen die neue Bugenhagen-Kirchengemeinde gegründet. Im Oktober 1906 legte man am damaligen Hohenzollernplatz, heute Siegesplatz (Plac Zwycięstwa), den Grundstein zum Bau der Kirche und weihte sie am 12. Januar 1909.

Wir kommen am Kino Pionier vorbei, eines der ältesten Kinos der Welt und seit 1907 ununter-

brochen in Betrieb.

Eine große Baustelle behindert unser Vorankommen. Die roten Linien sind verschwunden. Vorbei am Berliner Tor (Brama Portawa) ge-

langen wir zum Roten Rathaus. Aufgrund der wachsenden Bedürfnisse der Stadt und der räumlichen Enge des Alten Rathauses wurde am 2. September 1875 mit dem Bau des neugotischen Neuen Rathauses auf

dem Gebiet der so genannten Neustadt, die seit 1846 außerhalb der Festungsmauern entstanden war, begonnen. Es sollte größer werden als die Rathäuser von Danzig, Stralsund und Greifswald zusammengenommen. Die Einweihung und Inbetriebnahme fand am 10. Januar 1879 statt. Der einstige Sitz des Stadtmagistrats beherbergt heute das Seefahrtsamt.

Unser Hotel ist nicht mehr weit. Nun legen wir erstmal eine Pause ein. Am späten Nachmittag schlendern wir dann durch das Einkaufszentrum Kaskade. Abgesehen von der Sprache könnte es mit seinen Filialen diverser Modelabels, Kosmetikketten, etc. überall stehen. Im Supermarkt kaufen wir eine Flasche Danziger Goldwasser. Bernd sucht braunen Wodka, eine Rarität, die es nicht nur hier nicht gibt. Den

Abend beschließen wir wie geplant im Restaurant Spizarnia Szczeińska. Wir schlemmen Appetithäppchen mit Fischcreme und Gurken-

mousse, Entenbrust mit Kartoffelpüree und Rot-

kohl, Hirschragout mit Pilzrahm und Buchweien, Bier vom Fass und zwei unterschiedliche

Wodkas zum Ausprobieren - smooth und clear. Die Gerichte kosten rund zwölf Euro pro Person. Auf dem Rückweg sehen wir in der Ferne die Lichter der Kirmes.

Wir fahren weiter zu

Christus nach Swiebodzin (Schwiebus). Von Stettin aus sind es 170 Kilometer. Der Ort liegt in der Woiwodschaft Lebus im Westen Polens. Das Städtchen wirkt wie ausgestorben. Die erste Pilgerstation scheint ein Imbisswagen zu sein. Holzbänke und Tische stehen davor. Auch wir stärken uns mit Pommes und Currywurst mit exzellentem Blick auf das Highlight des Ortes, auf die Statue Christus König (Pomnik Chrystusa Króla). Auf einem 16,5

Meter hohen aufge-
schütteten Hügel steht
die weithin sichtbare
Christus - König - Statue.

Mit ihrer Höhe von 36
Metern war sie bis 2022
die größte Christussta-
tue der Welt, sechs
Meter höher als die
Christus- Erlöser- Statue
in Rio de Janeiro, aber
nunmehr eineinhalb Me-
ter kleiner als die Christusstatue Cristo Protetor
(„Christus, der Beschü-
tzer") auf dem Cerro de
las Antenas, einem Hü-
gel in der Nähe von
Encantado im Bundes-
staat Rio Grande do Sul
im Süden Brasiliens.

Die Statue war lange in
ein Gerüst gehüllt, ob-
wohl sie erst am 6. No-
vember 2010 fertigge-
stellt und am 21. Novem-

ber 2010 geweiht wurde.
Durch die Aufschüttung

des Geländes wird eine
Gesamthöhe von 52,5
Metern erreicht. Die Sta-
tue selbst ist 33 Meter
hoch und symbolisiert
damit die 33 Lebens-
jahre Jesu. Auf dem 15
Tonnen schweren und
4,5 Meter großen Kopf

befindet sich eine drei Meter hohe vergoldete Krone. Sie soll auf die drei Jahre seines öffentlichen Auftretens hinweisen.

Mit ihren sich der Menschheit öffnenden Armen ist die Statue 24 Meter breit. Die Hände sind je zwei bis drei Meter lang. Die Figur wurde aus einem mit Stahlnetzen bewehrtem Sichtbeton gefertigt. Sie ist innen hohl und wiegt rund 440 Tonnen. Die Christus - König - Statue blickt nach Westen. Der Hügel ist von fünf Ringen umgeben; diese Ringe stehen symbolisch für die erlösende Rolle Christi auf den fünf Kontinenten der Erde.

Zu den Füßen der

Statue gibt es einen

Kreuzweg mit Kreuzweg-

stationen. Die neueren

Świebodziner Gärten mit

ihren Rosenkranzpfaden sollen ein Ort der Besinnung, der Ruhe und Erholung sein.

Der Bau der Statue war das ambitionierte Projekt des damaligen Gemeindepfarrers Sylwester Zawadzki. Christus König gilt als Schutzpatron sowohl der Stadt als auch der Pfarrkirche. Entworfen wurde die Statue von dem polnischen Bildhauer Mirosław Kazimierz Patecki aus Przybyszów.

Pfarrer Sylwester Zawadzki verfügte in seinem Testament, dass sein Herz zu Füßen der Christusstatue bestattet werden solle. Für ihn war die Realisierung des Monuments sein größtes Werk. Er starb im Frühjahr 2014. Sein Nachfolger erfüllte diesen Wunsch. Das Herz wurde in einer Schatulle in dem Fundamenthügel bestattet. Nach polnischem Recht sind Bestattungen nur auf Friedhöfen und andernorts nur mit gesonderter Genehmigung erlaubt. Es gab naturgemäß ein gerichtliches Nachspiel. Der Pfarrer wurde wegen einer Ordnungswidrigkeit verurteilt. Daraufhin ließ er sich versetzen. Auch gegen die Ärzte, die das Herz entnommen hatten, lief ein Verfahren.

Hier scheint nichts und niemand über dem Gesetz zu stehen, auch nicht das Herz des Erbauers der damals weltgrößten Christus-Statue.

Polen kulinarisch.
Wer ein fremdes Land besucht, sollte auch die typischen Gerichte des Landes probieren. Nachstehend noch ein paar typische polnische Gerichte:

Pierogi: Mit Fleisch, Püree, Sauerkraut, Pilzen, Spinat oder Käse gefüllte Teigtaschen. Sie gehören zu den beliebtesten Gerichten in Osteuropa und stammen ursprünglich aus Polen. Die kleinen Teigtaschen ähneln den russischen oder ukrainischen Vareniki, den deutschen Maultaschen oder den italienischen Ravioli. Sie werden entweder gebraten oder in Wasser gegart. Es gibt sie mit den verschiedensten Füllungen von deftig bis süß.

Wodka: Die Polen sind stolz darauf, dass sie und nicht die Russen den Wodka erfunden haben.

Bigos: Das polnische Nationalgericht ist ein Eintopf mit Weißkohl, Sauerkraut, Speck, Wild, Rind- und Schweinefleisch, Pilzen, Karotten, Pfeffer, Backpflaumen, Lorbeerblättern, Tomatenmark und Piment – ein uraltes Rezept.

Golabki: Weißkohlrouladen mit Schweinefleisch, Pilzen, Reis und Zwiebeln gefüllt und in Fett geschmort. Die Rouladen werden entweder mit einer Pilz- oder Tomatensoße serviert.

Barszcz: Eine Rote-Bete-Suppe. Im Gegensatz zum kräftigeren, mit Gemüse und Fleisch angereicherten russischen oder dem ukrainischen Borschtsch ist es eine klare Gemüsesuppe, die kräftig mit Pfeffer abgeschmeckt und mit einer Einlage aus kleinen Teigtaschen mit Pilzen und Weißkraut Füllung serviert wird.

Kotlet Schabowy: Ein paniertes Schnitzel vom Schwein, das üblicherweise mit Butterkartoffeln und Kohlsalat serviert wird.

Zurek: Eine deftige, kalorienreiche Suppe. Zurek wird mit Roggenmehl oder altem Roggenbrot, Pilzen, Würsten und gekochtem Ei zubereitet.

Kaczka z jabłkami: Ein im Ofen gegarter Entenbraten mit gerösteten Äpfeln.

Gulasz: Ein Eintopf mit Rindfleisch, Zwiebeln, Paprika und Pfeffer serviert mit Spätzle, Kartoffelpuffer oder mit Kartoffel- und Petersiliensalat serviert.

Zapiekanki: Belegte Brote, die im Ofen überbacken werden. Traditionell werden sie mit Pilzen und Käse zubereitet.

Placki Kartoflane: Polnische Kartoffelpuffer. Sie werden aus geriebenen Kartoffeln mit Ei, Zwiebel und gebratenen Gewürzen hergestellt und häufig mit einer Prise Zucker serviert.

Placek Po Zbojnicku: Gulasch, das auf einem Kartoffelpuffer zusammen mit Salat serviert wird.

Sernik: Ein traditioneller polnischer Käsekuchen, der mit aus geronnener Sauermilch hergestelltem Quark zubereitet und meistens mit einer Schokoladenglasur überzogen wird.

Szarlotka: Ein polnischer Apfelkuchen. Die Kruste wird aus Zucker und Eigelb zubereitet.

Paczki: Mit Marmelade gefüllte frittierte Teigbällchen. Die traditionelle Variante verwendet Rosenmarmelade.

Makowiec: Ein gerollter Mohnkuchen aus Hefeteig, gefüllt mit einer Mohnmasse aus Mohn, Walnüssen, Rosinen, Honig und leicht geschlagenen Eiweiß. – ein traditionelles österliches Backwerk.

Obwarzanek: Ein geflochtener Brotkringel aus Hefe, der in Salzwasser blanchiert und anschließend mit Mohn, Sesam oder Salz bestreut wird – eine Krakauer Spezialität, die schon 1394 vom damaligen Königshof geordert wurde und heute in Krakau von Straßenhändlern entlang den großen Straßen im Zentrum verkauft wird.

Fazit.
Polen ist ein nicht nur für Touristen interessantes Land. Die freundlichen Menschen möchten sich und ihr Land weiterentwickeln.

Investitionen sind gerne gesehen. Gut ausgebildete Fachkräfte findet man zu noch vergleichsweise günstigen Konditionen. Im Kleingewerbe gibt es viel Wettbewerb, im Mittelstand gibt es schnell polnische Konkurrenz und Großinvestoren interessieren sich oft eher für mehr (steuerliche) Förderung. Aber das Arbeitskräftepotential kann den Ausschlag für das in der EU noch relativ günstige Land geben.

Autor, Herausgeber

Dipl. oec. troph. Cornelia Eckhardt wurde in Bielefeld geboren. Nach dem Abitur studierte sie an der Rheinischen Friedrich - Wilhelms Universität, Bonn, Haushalts- und Ernährungswissenschaften mit Spezialisierung auf Ernährungswissenschaften. Schon während ihres Studiums hat sie Vorlesungen in Fachpublizistik belegt.

Ihr Studium schloss sie mit dem Diplom in Oecotrophologie ab. Sie arbeitete danach in einem Pharmakonzern, später in leitender Position.

Nach Heirat und Geburt des Sohnes gab sie ihren Beruf zugunsten der Familie auf und wurde Familienmanagerin. Neue Erkenntnisse und neue Strömungen in der Ernährungswissenschaft hat sie weiterhin verfolgt und in Vorträge und Beratungen aufgenommen.

Bernd H. Eckhardt ist Diplom-Mathematiker, in Wuppertal geboren, hat in Göttingen (Deutschland) Mathematik wirtschaftswissenschaftlicher Richtung und Jura studiert und danach in Asien und Europa in der Versicherungswirtschaft gearbeitet.

Zuletzt war er während 17 Jahren Vorstandsmitglied in der börsennotierten BHW Gruppe (Bank, Bausparkasse, Versicherung). In der BHW Lebensversicherung AG, BHW Pensionskasse AG, BHW Rückversicherung S.A. und der BHW Invest S.a.r.L. leitete er die Vorstandsressorts Kapitalanlage, Mathematik, Öffentlichkeitsarbeit, Personal, Rechnungswesen und Vertrieb.

Aktuell gehört das ehemalige Beamtenheimstättenwerk BHW zur von der Deutschen Bank übernommenen Postbank.

Bernd H. Eckhardt ist Eigentümer einer sich mit der Beratung Institutioneller Anleger und vermögender Privatkunden befassenden Firma, Eigentümer der Web-Seite www.Investors-Office.com und Vorsitzender des Verwaltungsrates und CEO einer auf die Kapitalanlage ausgerichteten Aktiengesellschaft mit Holdingfunktion.

In der gleichen Reihe

Reiserouten

erscheint ebenfalls als Taschenbuch:

Reiserouten

Events. Highlights. Investitionen.

Europa
Baltikum

Band 10: Estland, Lettland, Litauen

sowie als Taschenbuch und E-Book die:

Reiserouten
mit Perspektive
Einwanderung

Events. Highlights. Investitionen.

Afrika

Band 1: Botsuana, Namibia, Südafrika
Victoriafälle (Zimbabwe & Sambia)

*****

Asien

Band 2: Oman, Abu Dhabi, Dubai,
Kambodscha, Singapur, Thailand

*****

Nordamerika

Band 3: Kanada, Vereinigte Staaten

*****

Südamerika

Band 4: Argentinien, Brasilien

*****

Band 5: Bolivien, Chile, Peru
Band 6: Ecuador

*****

Band 7 : Guyana-Staaten,
Kolumbien, Venezuela

*****

Band 8: Paraguay, Uruguay

*****

Ozeanien

Band 9: Australien,
Neuseeland (Perspektiven)

*****

Europa

Band 10: Großbritannien,
Efta Länder CH,FL,N,IS (Perspektiven)

Alle Südamerika-Bände gibt es zudem als großforma-
tige, farblich aufwändig gedruckte Hardcover Gesamtausgabe (ISBN: 978-3-7557-3557-1) und
als E-Book (ISBN: 978-3-7557-4534-1)

Südamerika

sowie in amerikanischem Englisch in großformatiger
Taschenbuch Gesamtausgabe
(ISBN: 978-3-7543-4298-5) und als
E-Book (ISBN: 978-3-7543-9199-0)

South America

Eine spanische Ausgabe dieses Bandes wird vorbereitet.